W0352306

ars vivendi

Einkehrtipps

Lesetipps

Museen, Kirchen & Sehenswürdigkeiten

Veranstaltungen

Bei der Realisierung dieses Buches ließen wir größtmögliche Sorgfalt walten. Falls dennoch Informationen falsch oder inzwischen überholt sein sollten, bedauern wir dies, können aber auf keinen Fall eine Haftung übernehmen.

Zusätzlich zu neuen und noch unveröffentlichten Touren versammelt dieser Band auch sechs überarbeitete und aktualisierte Beiträge aus dem *Städte-Verführer Metropolregion Nürnberg*.

Bildnachweis:
Borisb17/istock: S. 180; Otto Durst/fotolia: S. 43, 46, 123, 124, 154, 157, 158, 172; André Franke/fotolia: S. 74; klug-photo/istock: S. 183; Landkreis Neustadt a.d. Waldnaab: S. 27, 29; marleym/fotolia: S. 23; oxie99/fotolia: S. 88; pusteflower9024/fotolia: S. 62, 139; Jens Riesner: S. 65, 67; alle übrigen Fotografien stammen vom Autor.

Erste Auflage 2017
© 2017 by ars vivendi verlag GmbH & Co. KG, Bauhof 1, 90556 Cadolzburg
Alle Rechte vorbehalten
www.arsvivendi.com

Umschlagsgestaltung: ars vivendi verlag
Umschlagfotografie: vorne: © Otto Durst/fotolia; hinten: © oxie99/fotolia
Satz: Christine Richert, www.typoholica.de
Lithografie: Repro-Studio Harald Schmidt
Übersichtskarte: Ingenieurbüro Dieter Ohnmacht, Frittlingen
Druck: GPS Group GmbH, Velden
Printed in Austria

ISBN 978-3-86913-774-2

Der Ausflugs-Verführer

OBERPFALZ

Thilo Castner

Ein ars vivendi Freizeitführer

Inhalt

Vorwort

Die Zeiten, da die Oberpfalz als öde, als nahezu menschenleere Region wahrgenommen und beschrieben wurde, sind längst vorbei. Auf den 9691 Quadratkilometern zwischen Waldsassen im Norden und Regensburg im Süden leben jetzt knapp 1.100.000 Menschen, aufgeteilt auf sieben Landkreise und drei kreisfreie Städte.

In Bezug auf Franken hatte Karl Immermann 1837 in seiner *Fränkischen Reise* euphorisch festgestellt, das Land gleiche einem »Zauberschrank« mit Schubfächern »voller bunter glänzender Kleinodien«. Doch wer in der Oberpfalz unterwegs ist, wird sehr schnell die Erfahrung machen, dass dort ebenfalls viele glänzende Kleinodien zu entdecken sind, in der Landschaft sowie vor allem auch in den Städten – und das gilt nicht nur für die Oberpfälzer Hauptstadt Regensburg und die »heimliche Hauptstadt« Amberg. Orte wie Berching, Kallmünz, Nabburg oder Cham warten ebenfalls mit tollen kulturellen Sehenswürdigkeiten auf, mit Burgen und Schlössern, prachtvollen Kirchen, stattlichen Rathäusern, mit opulenten Marktplätzen, herrlichen Bürgerhäusern und großartigen Kunstwerken, mit idyllischen Parkanlagen und einladenden Wirtshäusern.

Es ist das Anliegen dieses Buches, seine Leserinnen und Leser zu animieren, einige der 20 Städte auf den beschriebenen Rundgängen kennenzulernen, wobei die Rundgänge in erster Linie für Besucherinnen und Besucher gedacht sind, die sich in dem jeweiligen Ort zum ersten Mal aufhalten. In zwei bis drei Stunden kann natürlich nicht alles Sehenswerte entdeckt werden. Doch es spricht ja nichts dagegen, ein zweites oder drittes Mal zu kommen.

Allerdings konnten längst nicht alle Oberpfälzer Perlen vorgestellt werden. Vielleicht regt jedoch mein Buch dazu an, auf eigene Faust in weiteren Städten auf die Suche nach »bunten, glänzenden Kleinodien« zu gehen. In den jeweiligen Tourismuszentren steht jederzeit ausreichend Informationsmaterial zur Verfügung.

Großen Wert habe ich darauf gelegt, dass alle Städte mit öffentlichen Verkehrsmitteln erreichbar sind. Selbstverständlich wird den Autofahrern erklärt, wo sie parken können und wie sie zum Ausgangspunkt der Rundgänge finden. Nicht zuletzt versteht sich dieser Ausflugsverführer deshalb auch als Alternative zu teuren Fernreisen. Denn man muss nicht in die Ferne schweifen, wie schon Goethe mahnte, wenn doch das Gute so nahe liegt.

Dr. Thilo Castner

1 Waldsassen

Die Keimzelle des Stiftlandes

Ort:

Stadt im Landkreis Tirschenreuth. Rund 7 000 Einwohner.

Geschichte:

1133 holt Markgraf Diepold III. von Vohburg Mönche aus dem thüringischen Volkenroda nach Waldsassen zur Gründung eines Klosters, das zum bedeutendsten Zisterzienserkloster in Bayern wird. Im Zuge der Reformation erlischt das Klosterleben um 1560, doch kommt es ab 1626 zur Rekatholisierung des Ortes – Zisterziensermönche dürfen nach Waldsassen zurückkehren. Im 17. Jahrhundert entstehen auch außerhalb der Klostermauern Häuserzeilen. 1693 erhält der Ort die Marktrechte und erlebt eine neue Blütezeit, die mit der Säkularisation 1803 ein jähes Ende findet. 1863 erwerben Zisterzienserinnen aus Landshut-Seligenthal einen Teil der Klosteranlagen, errichten darin ein Filialkloster und widmen sich fortan der Erziehung und Bildung der weiblichen Jugend. Mit der Eröffnung der Eisenbahnlinie nach Eger im Jahr 1865 beginnt ein industrieller Aufschwung. 1896 verleiht Prinzregent Luitpold Waldsassen das Stadtrecht. Nach 1945, infolge der aufgenommenen Heimatflüchtlinge vor allem aus dem Egerland, steigt die Einwohnerzahl sprunghaft auf über 7 000.

Sehenswürdigkeiten:

Basilika. Zisterzienserinnenabtei mit Klosterbibliothek. Rathaus. Abteischloss. Evangelische Friedenskirche. Goetheplatz. Stadtpark Schwanenwiese mit Stiftsbrunnen. Naturerlebnisgarten. Stiftlandmuseum. Ölbergkapelle. Fußweg zur Lourdes-Grotte. 15 Rosenkranzstationen zur Dreifaltigkeitskirche Kappl.

Dauer des Rundgangs:

Mit Besuch des Stiftlandmuseums, aber ohne Wirtshauseinkehr sowie ohne Spaziergang zur Lourdes-Grotte und ohne Fußmarsch zur Dreifaltigkeitskirche Kappl, 3 bis 4 Std.

Anfahrt:

ÖPNV: Mit der Bahn von Regensburg bzw. von Marktredwitz nach Wiesau, anschließend mit dem Bus nach Waldsassen, Haltestelle »Joseph-Wiesnet-Str.«
Kfz: Auf der A 93 bis Ausfahrt 17 (»Mitterteich Süd«), anschließend auf der B 299 in die Innenstadt von Waldsassen. Parken in der Joseph-Wiesnet-Str. (beim Busparkplatz).

Waldsassen ist eine Klosterstadt. Viele ihrer Sehenswürdigkeiten – wie die großartige Basilika, der fantastische Bibliotheksaal, der idyllische »Naturerlebnisgarten« im ehemaligen Klostergarten und das interessante *Stiftlandmuseum* – sind aufs Engste mit der Geschichte des Zisterzienserklosters verbunden. Auch das gesamte Stiftland verdankt seine Existenz dem Kloster, dem einst die nördliche Oberpfalz nahezu komplett gehörte. Dank glücklicher Umstände gelang es, das kulturelle Erbe der Mönche zu erhalten – sehr zum Vorteil all der Besucher, die Jahr für Jahr nach Waldsassen strömen, um die dortigen Highlights zu bewundern.

Vom Johannisplatz zum Basilikaplatz

Unser Rundgang beginnt am Busparkplatz. Wir gehen auf der **Joseph-Wiesnet-Straße** nach rechts bis zur Prinz-Ludwig-Straße, halten uns dort erneut rechts und biegen kurz darauf links in die Egerer Straße ein. Nach ein paar Minuten erreichen wir den **Johannisplatz**, auf dem im Juli das alljährliche Bürgerfest und zur Adventszeit der Weihnachtsmarkt stattfinden.

Das mächtige Gebäude linker Hand ist der **ehemalige Getreidekasten**, in dem einst die Abgaben der zinspflichtigen Bauern gelagert wurden. Nunmehr sind hier die evangelische Friedenskirche, die Stadtbücherei und das Finanzamt untergebracht. Der Durchgang neben dem Touristikbüro führt zum Stadtpark Schwanenwiese, den wir wahrscheinlich später aufsuchen werden. Auf der gegenüberliegenden Seite des Platzes entdecken wir *Zieglers Gaststätte*, ein 1665 errichtetes Gebäude, und kurz darauf folgt *Café Latte*, ein ehemaliger Brotladen. Vor dem Café steht ein **Brunnen** mit der Figur des heiligen Johannes Nepomuk, ein Werk des Oberpfälzer Künstlers Erwin Otte.

Der Johannisplatz mündet in den Basilikaplatz, der wiederum dominiert wird von der monumentalen Frontseite der **Stiftbasilika**. Bevor wir uns diesem imposanten Highlight zuwenden, betrachten wir aufmerksam das links davor befindliche Abt- bzw. **Abteischloss**. Vor seiner Zerstörung 1648 war das Schloss von einem Wassergraben und vier Ecktürmen umgeben. Ein Teil des Mauerwerks und ein Eckturm blieben nach dem Wiederaufbau des Schlosses erhalten; sie bieten einen harmonischen Anblick, zumal vor dem Mauerwerk ein Streifen mit Blumenbeeten angelegt wurde. Zwischen Schloss und Basilika liegt das katholische **Pfarramt** – alle drei Gebäude bilden eine geschlossene Einheit.

Basilika und Stiftsbibliothek

Von Bäumen idyllisch eingerahmt steht vor der Stiftsbasilika Mariä Himmelfahrt und St. Johannes Evangelist der **Diepoldbrunnen**, auf dem der Gründer des Zisterzienserklosters, Markgraf Diepold III., mit Speer, Schwert und Schild hoch aufgerichtet ist.

Die **Kirche** mit ihren 60 Meter hohen Doppeltürmen, 1969 durch Papst Paul VI. zur »Basilika minor« erhoben, gilt als der bedeutendste Barockbau in der Oberpfalz. Bauherr war der Prager Abraham Leuthner, unterstützt wurde er von Georg und Christoph Dientzenhofer. Der Innenraum des Gotteshauses ist 82 Meter lang, 13,5 Meter breit und 24 Meter hoch. Es lohnt sich, hier länger zu verweilen und die kunstvolle Ausstattung in aller Ruhe auf sich wirken zu lassen. Was gibt es Besonderes zu sehen?

Ein Glanzstück ist die prachtvolle **Orgel**, die mit ihren 7720 Pfeifen eine der größten in Deutschland ist und regelmäßig für Konzerte genutzt wird. Künstler wie Leonhard Bernstein und Yehudi Menuhin haben hier schon aufgespielt, ebenso das Symphonieorchester des *Bayerischen Rundfunks* und die Bamberger Symphoniker. Der mächtige **Hochaltar** beeindruckt mit der Verkündigungsgruppe aus weißem Marmor und mit vergoldetem Kugeltabernakel. Unglaublich schön sind das kunstvoll

Reste der alten Klostermauer, dahinter das Abteischloss

geschnitzte **Chorgestühl** und die von dem italienischen Bildhauer Giovanni Battista Carlone geschaffenen prunkvollen Stukkaturen. Im **Chorgewölbe** ist die Legende des Einsiedlers Gerwig dargestellt, dessen Zusammentreffen mit Diepold von Vohburg zur Gründung des Klosters geführt haben soll. An den Seiten des Langschiffes befinden sich **Reliquien** mit reich bestickten Stoffen aus den Katakomben Roms. Unterhalb der Basilika liegt die größte **Gruft** Deutschlands mit Grabmälern von Äbten und Mönchen. Auch wer kein Freund überladener Barockkirchen ist, wird den hier gezeigten Kunstwerken Respekt erweisen.

Unmittelbar rechts neben der Basilika liegt die **Zisterzienserinnenabtei**, die historische Keimzelle der Stadt Waldsassen. Dort wartet jetzt der zweite Höhepunkt des Rundgangs auf uns – die **Stiftsbibliothek**. Inmitten des Innenhofs der Abtei steht seit 2008 der Klosterbrunnen, ein Oktogon aus Marmor, das aus dem Norden Veronas stammt. Wir finden den Aufgang zur Bibliothek, haben uns aber zuvor im **Haus St. Joseph**, zu dem auch ein Klosterladen gehört, das Kombiticket »Waldsassener Dreiklang« besorgt, das nicht nur zum Eintritt in die Bibliothek berechtigt, sondern auch zur Besichtigung des Naturerlebnisgartens und des Stiftlandmuseums.

Der **Bibliotheksaal** ist nur mit Führung zugänglich, und vielleicht muss man ein wenig warten, bis die nächste beginnt. Was einen dann erwartet, ist aber einfach atemberaubend! Der Raum entstand in den Jahren 1689 bis 1726 und zählt zu den kunsthistorisch bedeutendsten Bibliotheken Süddeutschlands. Aber es sind in erster Linie gar nicht die prachtvollen Bildmedaillons großer griechischer und lateinischer Kirchenlehrer, nicht die zahlreichen Stuckreliefs, nicht die stattlichen Deckengemälde und auch nicht die überaus kostbaren Bücher in hellen ledernen Einbänden, sondern die zehn lebensgroßen, kunstvoll geschnitzten **Holzfiguren** aus der Werkstatt von Karl Stilp, dem Sohn eines Waldsassener Schreiners, die uns sofort ins Auge stechen. Seine Figuren symbolisieren Untugenden wie Hochmut, Dummheit, Eitelkeit und Neugier und sind so lebensnah, so realistisch und voller Humor, dass man aus dem Staunen nicht herauskommt. Kein Wunder, dass es alljährlich Zehntausende von Besuchern in dieses Elysium Oberpfälzer Schnitzkunst führt.

Barocke Pracht in der Basilika

Über den Goetheplatz zum Klostergarten

Jetzt bitte keine Müdigkeit vortäuschen, wir machen weiter, denn es gibt noch viel Spannendes zu erleben.

Wir verlassen den Basilikaplatz und biegen rechts hinter dem Innenhof der Zisterzienserabtei auf den **Goetheplatz** ab. Der Weimarer Geheimrat hatte sich mehrmals in Waldsassen aufgehalten und soll von dem, was er sah, recht angetan gewesen sein. Zu Ehren des großen Dichters steht hier nun seit 2003 die **Goethesäule**, ein 4,80 Meter hohes Kunstwerk aus Waldsassener Antikglas, geschaffen von Erwin Otte, von dem, wie wir bereits wissen, auch der Nepomukbrunnen am Johannisplatz stammt. Goethe ist in drei verschiedenen Versionen zu sehen und wird mit den Worten »Edel sei der Mensch, hilfreich und gut« zitiert.

Am Ende des Goetheplatzes begeben wir uns in die Brauhausstraße, um den dritten Höhepunkt des Tages zu erleben, den **Naturerlebnisgarten** im ehemaligen Klostergarten. Der Eingang durch die alte Klostermauer ist schnell erreicht, und mithilfe unseres Kombitickets werden wir anstandslos durchgelassen.

Vor allem Natur- und Gartenfreunde werden über das begeistert sein, was sie hier zu sehen bekommen: Kräuterbeete nach Hildegard von Bingen, eine Kneipp-Anlage, Permakultur mit

Kräutern der traditionellen chinesischen Medizin. Alles ist fantasievoll und ökologisch angelegt: die Kräuterspirale, die Hügelbeete, der Bauerngarten, das Wildbienenhotel … um nur einiges zu nennen. Im **Gartenladl** sind jederzeit auch Erfrischungen und Stärkungen zu haben. Auf die Kleinen wartet ein Spielplatz, auf Gartenfreaks jede Menge Informationsmaterial und unzählige Anregungen. Kurzum, hier ist wahrlich ein Gartenparadies geschaffen worden!

Stiftlandmuseum – Schwanenwiese – Kappl

Wieder auf dem **Basilikaplatz** wäre es an der Zeit, irgendwo gemütlich einzukehren, zum Beispiel im *Gasthof Prinzregent Luitpold*, im *Hotel zum ehem. Königlich-Bayerischen Forsthaus* oder im *Haus St. Joseph*. Dort hat man dann Zeit und Muße, zu überlegen, was weiterhin unternommen werden soll.

Unverzichtbar ist wohl ein Besuch des **Stiftlandmuseums** in der Museumstraße, erreichbar über den Goetheplatz und die Kirchenstraße. Hier wird man ausführlich über die Geschichte des Stiftlands informiert, ebenso über das frühere Leben, Wohnen und Arbeiten der Menschen in Waldsassen. Zu sehen sind

Eine Kräuterschnecke im ehemaligen Klostergarten

Die alte Schmiede im Stiftlandmuseum

verschiedene **Werkstätten** der Handwerker, die des Schmieds, des Zimmermanns und des Schusters. Auch die Porzellan- und Glasherstellung, die in Waldsassen dereinst von großer Bedeutung war, ist anschaulich dokumentiert, und man erfährt, welche Bodenschätze und Mineralien die Region aufzuweisen hat. Insgesamt ist die Präsentation in den über 50 Räumen außerordentlich gelungen und zudem eine wahre Augenweide.

Sehr lohnend wäre zweitens ein Bummel durch den **Stadtpark Schwanenwiese**, erreichbar über die Passage neben der Tourist-Information am Johannisplatz. Bemerkenswert ist dort vor allem der **Stiftsbrunnen** des Oberpfälzer Künstlers Engelbert Süß. Das Kunstwerk zeigt einen Mönch, der vom Markgraf so viel Land zugesprochen bekommen haben soll, wie er mit seinem Esel an einem Tag umreiten konnte. Ein weiteres Kunstobjekt ist eine **Friedenssäule**, in die Steinmetzmeister Dieter Zemann das Wort »Frieden« in 40 verschiedenen Sprachen eingemeißelt hat.

Wenn man weitergeht, kommt man zu zwei kleinen **Weihern**, und von da hat man einen reizvollen Blick auf die Rückseite von Abteischloss und Basilika. Unermüdliche Wanderer könnten sich von hier aus sogar zur **Lourdes-Grotte** auf den Weg machen. Hin und zurück muss man mit gut einer Stunde rechnen; man sollte sich aber zuvor bei der Tourist-Information die Wanderkarte *Rund um Waldsassen* besorgen.

Sehr verlockend ist drittens eine Besichtigung der **Dreifaltigkeitskirche Kappl** auf dem 628 Meter hohen **Glasberg**. Mit dem Auto ist man in fünf Minuten dort, aber man kann auch laufen und lernt dabei 15 barocke **Rosenkranzstationen** kennen. Doch die Strecke von gut drei Kilometern ist etwas beschwerlich und wohl nur Sportskanonen zuzumuten ... Aber warum nun unbedingt zur Kappl? Nun, dem bayerischen Baumeister Georg Dientzenhofer ist mit der Dreifaltigkeitskirche etwas Einmaliges gelungen. Um der Dreifaltigkeit, der Einheit von Gott, Sohn und Heiligem Geist, gerecht zu werden, hat er es fertiggebracht, dass alle wesentlichen Elemente einer Kirche drei Mal vorhanden sind: So besitzt die Kirche drei Türme, drei halbrunde Nischen, drei Säulen, drei mal drei Altäre und drei Deckenfresken, und die Grundfläche der Kirche hat die Form eines gleichschenkligen Dreiecks. Die Fertigstellung der Kirche im Jahr 1711 konnte Dientzenhofer übrigens nicht mehr erleben, er starb bereits 1689. Nach der Besichtigung der Kirche könnte man sich beim gegenüberliegenden **Kapplwirt** eine Verschnaufpause gönnen und die gewonnenen Eindrücke in Ruhe nachwirken lassen.

Sind nach der Mittagspause alle drei Programmpunkte umzusetzen? Ich meine ja, wenn man für das *Stiftlandmuseum* mit einer Stunde und für Stadtpark und Kappl mit je einer halben Stunde rechnet. Falls die eine oder andere Sehenswürdigkeit entfällt, dürfte der Besuch in Waldsassen trotzdem zu einem unvergesslichen Erlebnis werden.

Waldsassen: ausgewählte Informationen und Highlights

Tourist-Information, Johannisplatz 11, 95652 Waldsassen
Tel. 0 96 32/8 81 60, www.waldsassen.de

Stiftlandmuseum Waldsassen, Museumstr. 1
Tel. 0 96 32/8 80, www.waldsassen.de
28. März–10 Sep Mi–So 10.00–16.00
17. Sep–16. März Mi u. So 13.00–16.00

Gasthof Prinzregent Luitpold, Prinzregent-Luitpold-Str. 4
Tel. 0 96 32/28 86, www.gasthof-prinzregent-luitpold.de
Mo u. Mi–So 11.00–24.00, Di Ruhetag

Haus St. Joseph, Basilikaplatz 2
Tel. 0 96 32/92 38 80, www.abtei-waldsassen.de/gaestehaus
Tägl. 11.30–14.00 u. 17.30–20.00

Hotel zum ehem. Königlich-Bayerischen Forsthaus, Basilikaplatz 5
Tel. 0 96 32/9 20 40, www.koenigliches-forsthaus.de
Tägl. 9.00-23.00

Café Latte, Johannisplatz 8
Tel. 0 96 32/91 62 62, www.cafelatte-online.de
Apr–Sep Mo u. Di 11.00–19.00, Mi–Fr 11.00–24.00, Sa 14.00–24.00
So 14.00–19.00, Okt–März Fr 18.00–24.00, Sa u. 13.00–24.00, So 13.00–19.00

Gasthaus Kapplwirt, Kappl 1
Tel. 0 96 32/6 88, www.kapplwirt.de
Mi–So 10.00–18.00, Mo u. Di Ruhetag

Adolf Gläßel u. Robert Treml: Waldsassen in Bildern und alten Ansichten, Waldsassen 2005

Gerwig-Kreis Waldsassen (Hg.): Innehalten, Beten, Staunen. Kleindenkmäler in und um Waldsassen, Waldsassen 2015

Stadtführungen über Tourist-Information (s. oben) vereinbaren
Bürgerfest am 1. So im Juli
Basilika-Konzerte von März–Dez;
weitere Informationen unter www.basilikakonzerte.de

Tirschenreuth 2

Im Land der tausend Teiche

Ort:

Oberpfälzer Kreisstadt im gleichnamigen Landkreis. Rund 8 900 Einwohner.

Geschichte:

Erste urkundliche Erwähnung 1134 als »Dursinrute«. 1138 im Besitz der Grafen von Leiningen, später der Herren von Hartenberg und von Ortenburg. Fällt 1217/18 an Kloster Waldsassen. Rudolf von Habsburg vergibt 1306 das Recht auf Abhaltung eines Wochenmarkts. Stadtrecht wird 1364 schriftlich fixiert. Großer Brand zerstört 1613 die Hälfte der Häuser. 10 Jahre später kommt die Stadt in den Besitz von Maximilian I. zu Bayern. 1633 erneut schwere Brandschäden, im Dreißigjährigen Krieg mehrfach Besetzungen und Plünderungen. Brennt am 30. Juli 1814 fast vollständig ab. Entdeckung von Kaolinvorkommen bei Tirschenreuth führt in den 1830er-Jahren zum Bau der ersten Porzellanfabrik.

Sehenswürdigkeiten:

Katholische Stadtpfarrkirche mit Pfarrhof. Renaissance-Rathaus. Maximilianplatz mit Dreifaltigkeitssäule, Schmeller-Denkmal und zwei Brunnen. MuseumsQuartier. Fronveste. Klettnersturm. Murschrottkapelle. St.-Kunigund-Kirche. Fischhofpark mit Stadtpark. Spannbandbrücke, Fischhofbrücke.

Dauer des Rundgangs:

Mit Museumsbesuch, aber ohne Einkehr, gut 2 Std.

Anfahrt:

ÖPNV: Mit dem Zug von Regensburg, Nürnberg, Hof oder Bayreuth nach Weiden, von dort mit Buslinie 2705 zum ZOB Tirschenreuth.
Kfz: Auf der A 9 (Regensburg–Marktredwitz) bis Ausfahrt 20 (»Windischeschenbach«) oder Ausfahrt 19 (»Falkenberg«), von dort zum ausgeschilderten Großparkplatz am ZOB Tirschenreuth.

Die Tirschenreuther Teichpfanne

Mit über 3 000 Teichen auf einer Fläche von 2 000 Hektar ist die Region zwischen Tirschenreuth, Mitterteich und Wiesau eine der größten zusammenhängenden Teichlandschaften Deutschlands. Über Jahrhunderte lag Tirschenreuth wie auf einer Insel, umgeben von zwei gewaltigen Stadtteichen. Bereits im Mittelalter reihte sich hier Teich an Teich, alle geschaffen von Menschenhand – die Fischwirtschaft war Grundlage so mancher Existenz. Aber die Entwicklung verlief wechselhaft, viele Teiche wurden vorübergehend oder endgültig aufgegeben. Auch die zwei Tirschenreuther Stadtteiche legte man 1807 trocken. Denn mit der Bahnstrecke von Wiesau nach Tirschenreuth und dem Beginn der Porzellanfabrikation entwickelte sich das Ackerbaustädtchen im Laufe des 19. Jahrhunderts zu einer ansehnlichen Industriestadt. Fischfang und Fischzucht blieben gleichwohl bis heute eminent wichtige Wirtschaftszweige, wie wir bei dem Besuch des großartigen Tirschenreuther Fischereimuseums feststellen werden.

Zoiglstube und Klettnersturm

Vom **Omnibusbahnhof** führt ein markierter Fußweg in die Innenstadt. Auf der Badstraße kämen wir zum Maximilianplatz, wir biegen jedoch rechts in die Schmellerstraße ab, benannt nach dem Sprachforscher Johann Andreas Schmeller. Weiter dann links in die **Burgstraße**. Hier, im Haus Nr. 7, neben *Restaurant Mykonos*, stoßen wir auf die **Zoiglstube Rothballer**. Zu Beginn des 20. Jahrhunderts gab es noch 190 Tirschenreuther, die ihr Bier selbst brauten und es in der eigenen Wohnstube ausschenkten. Gegenwärtig gibt es zusätzlich nur noch jeweils eine Zoiglstube in der Hospitalstraße und in der Bahnhofstraße. In das städtische Kommunbrauhaus zog nach 1945 die Feuerwehr ein, inzwischen ist das Haus abgebrochen.

Wir gehen geradeaus weiter, kommen in die Stichanerstraße und steuern somit direkt auf den 30 Meter hohen **Klettnersturm** zu, das stolze Wahrzeichen der Stadt, das zugleich fast das einzige Überbleibsel der einst stattlichen Stadtmauer ist. Ganz oben, nach 86 Stufen, war die Wohnung des Türmers, der Wache zu halten hatte und zur vollen Stunde die Glocke schlagen musste.

Ein Denkmal zu Ehren des größten Sohns der Stadt

Nur ein paar Schritte sind es zur evangelischen **Erlöserkirche** mit dem markanten braun-weiß gestreiften Turm. Dabei überqueren wir die Tirschenreuther **Waldnaab**. An der Brücke ist ein Gedenkstein, der daran erinnert, dass Kurfürst Friedrich V. mit Gemahlin und großem Tross auf seiner Reise nach Prag am 19. Oktober 1619 auch in Tirschenreuth Station machte, bevor er wenig später in Prag zum böhmischen König gekrönt wurde.

Die »gute Stube« von Tirschenreuth

Unser nächstes Ziel ist jetzt der viereckige, 235 Meter lange und 47 Meter breite **Maximilianplatz**, vom Klettnersturm über den Unnaplatz erreichbar. Die »gute Stube« gilt als einer der schönsten und größten Marktplätze in der Oberpfalz, mit einer Vielzahl von Cafés und Wirtshäusern, mit Geschäften und Läden aller Art. In der Mitte des Platzes ist ein breiter Streifen mit gepflegten Blumenrabatten, idyllisch eingerahmt von einer Kastanienallee. Wir gehen vom Unteren zum Oberen Markt hinauf und entdecken auf dem Mittelstreifen zunächst den **Tuchmacher-Brunnen**, dann den Karpfen-Brunnen – neben Schleien und Hechten ist der Karpfen der in der Teichpfanne am häufigsten gezüchtete Süßwasserfisch. Auch das **Schmeller-Denkmal** übersehen wir nicht. Was den Universitätsprofessor und Doktor der Philosophie zum größten Sohn der Stadt werden ließ, werden wir später im *MuseumsQuartier* erfahren. Die bombastische **Dreifaltigkeitssäule** am oberen Ende des Marktplatzes ist eine der wenigen komplett erhaltenen Pestsäulen in Bayern. Unterhalb der figürlichen Darstellung von Vater, Sohn und Heiligem Geist sind Maria Immaculata und die zwei Heiligen Franziskus und Johannes von Nepomuk dargestellt, ein Werk aus dem 18. Jahrhundert.

Das mit Abstand imponierendste Bauwerk ist fraglos das **Rathaus**. Das schmucke Renaissancegebäude entstand 1583 und wurde – wie die meisten Häuser der Innenstadt – durch den verheerenden Stadtbrand von 1814 schwer beschädigt. Der zweistöckige Erker zeigt die Wappen der Kurpfalz und des Pfalzgrafen Johann Casimir. Es lohnt sich, auf einer Bank Platz zu nehmen und das schöne Ambiente ringsum zu genießen.

Die Pfarr- und Wallfahrtskirche

Es lohnt sich auch, einen Blick in die nahe katholische **Stadtpfarrkirche** zu werfen. An der Südostseite des Gotteshauses, hinter dem schmiedeeisernen Gitter, befindet sich eine Ölberggruppe. Kurz darauf folgt der **Marienbrunnen**, der von Bildhauer Engelbert Süß aus Mitterteich 1992 geschaffen wurde. Er zeigt Maria als Schutzmantelmadonna. Sehenswert in der Kirche ist vor allem der geschnitzte spätgotische **Flügelaltar** aus der Zeit um 1500 mit der Kreuzigung Christi im Mittelteil und den zwölf Aposteln nebst vier Heiligen in den Seitenflügeln. Interessant sind auch die farbigen **Prozessionsstangen**, die regelmäßig gebraucht werden dürften, da an jedem 13. im Monat Wallfahrten zur Marienkirche erfolgen.

Wir verlassen die Kirche und stehen auf dem Kirchplatz. Der barocke **Pfarrhof** aus dem Jahr 1720 ist eines der wenigen Gebäude, die die Feuersbrunst von 1814 schadlos überstanden haben. In das Storchennest auf dem breiten Walmdach zieht Jahr für Jahr ein Weißstorchenpaar ein.

Blick von der »guten Stube« auf Mariä Himmelfahrt

Ein Museum der Extraklasse

Ein Höhepunkt des Tages wird sicherlich das **MuseumsQuartier** werden. Flugs vom Oberen Markt die Hoermanngasse hinunter, anschließend rechts ein paar Meter die Hochwartstraße entlang und dann links an der Tourist-Information vorbei – und schon stehen wir vor dem Eingang des Museums, das im Prinzip aus sieben verschiedenen Abteilungen besteht. Am eindrucksvollsten davon ist eindeutig das **Fischereimuseum**. Auf drei Stockwerken wird die tausendjährige Geschichte der Teichwirtschaft dargestellt. In großen Aquarien tummeln sich große und kleine Fische aus den heimischen Gewässern. Alles, was zum Angeln und Fischen gehört, wie Arbeitsgeräte und -kleidung, Netze und Boote, ist zu sehen und wird anhand unzähliger Bilder und spannender Tonaufnahmen anschaulich erläutert.

Ein tunnelartiger Gang bringt uns in das **ehemalige Kloster** der Armen Schulschwestern, in dessen Räumlichkeiten die weiteren Exponate des Museums untergebracht sind. Dazu gehört eine Sammlung kunstvoller Tirschenreuther **Krippen**, wohl geschnitzt an langen Winterabenden von einfachen Leuten, die wahre Wunderwerke schufen.

Ein anderer Raum ist dem **Porzellan** gewidmet, das von 1838 bis 1994 in Tirschenreuth gefertigt wurde; zum Bestand gehören etliche Kaffee- und Teeservice, Vasen, Figuren und Ofenkacheln. Auch die Geschichte der Stadt ist aufgearbeitet, darunter mit besonderer Hingabe das Leben Johann Andreas Schmellers, des bedeutenden Sprach- und Mundartforschers. Sein vierbändiges **Bayerisches Wörterbuch**, geschaffen in den Jahren 1827 bis 1837, gilt nach wie vor als Standardwerk. Teil des Museums ist auch das **»Haus am Teich«** auf der gegenüberliegenden Straßenseite. Die fünf Meter langen und fast 2,5 Meter hohen Großaquarien dort sind echte Hingucker.

Die Tirschenreuther Teiche

Wir verlassen das Museum und gehen neben dem Haus am Teich in Richtung Fischhofpark, dem Gelände der Landesgartenschau im Jahr 2013. Das langgezogene Gebäude rechter Hand ist die ehemalige Fronveste, in der die Naturalabgaben der Ackerbürger an den Schlossherrn gelagert wurden. Hier sind auch noch Reste der alten Stadtmauer zu sehen.

Vor uns liegen jetzt die Gewässer der Tirschenreuther Teichpfanne, in vorderster Linie der **Stadtteich**. Auf den Tafeln des **Fischlehrpfads** wird erläutert, welche Bedeutung Fischzucht und Fischfang in der Region haben, und nicht nur die zwei bunten Karpfen verdeutlichen, welcher Fisch hier die größte Rolle spielt. Rechter Hand ist das Hotel und **Restaurant Seenario**, ein Wirtshaus, das wir uns vormerken sollten.

Nun aber stracks zu der circa 85 Meter langen **Max-Gleißner-Brücke**, einem europaweit einmaligen Bauwerk, das lediglich aus zwei Spannbändern und 1200 Holzteilen besteht und das uns über den Stadtteich zum **Fischhof** bringt. Es ist dies der ehemalige Zehnthof des Waldsassener Klosters und war lange Zeit auch der Sommersitz der Äbte aus Waldsassen, die ab 1218 über Jahrhunderte in der Stadt das Sagen hatten. Nunmehr ist das Amtsgericht in das Gebäude eingezogen.

Anschließend überqueren wir die 92 Meter lange barocke **Fischhofbrücke**, die Mitte des 18. Jahrhunderts von einem Waldsassener Laienbruder erbaut wurde. Die zehn wuchtigen Granitbögen ähneln der Steinernen Brücke in Regensburg. Animiert von den zwei anmutigen Statuen der römischen Göttinnen Ceres und Justitia genießen wir das herrliche Panorama. Der sechs Hektar große Stadtteich wurde im Zuge der

Die steinerne Brücke führt zum Fischhof.

Landesgartenschau neu angelegt, nachdem, wie bereits kurz erwähnt, die Stadtteiche 1808 trockengelegt worden waren.

Murschrottkapelle und St. Kunigund

Auf der gegenüberliegenden Uferseite halten wir uns links, schlendern entspannt ein Stück die Mähringer Straße entlang und biegen kurz darauf erneut links in die Dammstraße ab. Zuvor ein Blick auf den **Goldenen Anker**, dem wahrscheinlich ältesten Gasthof der Stadt; wer neugierig ist, geht noch ein paar Schritte weiter und kommt zur winzigen **Murschrottkapelle**. Von hier begann 1692 die Tirschenreuther Wallfahrt zur Stadtpfarrkirche, ausgelöst durch ein Heilungswunder – Maria war um Hilfe angerufen worden, und die an »hitzigem Fieber« Erkrankten wurden wieder gesund.

Über die Dammstraße erreichen wir rechts den **Luitpoldplatz**, der beherrscht wird von der Nordfassade der neugotischen **St.-Kunigund-Kirche**, die zum Kloster der Armen Schulschwestern gehörte. Ein Hinweis im Mauerwerk der Kirche verweist darauf, dass jeweils um 9.05, 12.05, 18.05 und 21.55 ein Glockenspiel erklingt.

Über die Hochwarterstraße und die Hoermanngasse kommen wir dann wieder auf den **Maximilianplatz**. Wer gleich die Heimreise antreten möchte, findet über die Badstraße auf der Südseite der »guten Stube« sicherlich schnell und problemlos den Weg zum Omnibusbahnhof.

Gourmets können sich freuen

Irgendwann während des Rundgangs oder jetzt ganz zum Schluss kehren wir natürlich ein, vielleicht im bereits erwähnten *Restaurant Seenario* am Stadtteich oder in einem der Wirtshäuser am Maximilianplatz. Karpfen gibt es bekanntlich nur in den Monaten von September bis April, aber auch alle anderen Fischgerichte versprechen kulinarischen Hochgenuss, vor allem mit einem kühlen, frisch eingeschenkten Bier aus der Region.

Tirschenreuth: ausgewählte Informationen und Highlights

Tourist-Information, Regensburger Str. 6, 95643 Tirschenreuth
Tel. 0 96 31/60 02 48, www.stadt-tirschenreuth.de

MuseumsQuartier, Regensburger Str. 6
Tel. 0 96 31/61 22, www.stadt-tirschenreuth.de (>Kultur & Tourismus)
Di–So u. Fei 11.00–17.00

Hotel Restaurant Bar Seenario, Platz am See 1 u. 2
Tel. 0 96 31/79 93 41 17, www.hotel-seenario.de
Mo u. Mi–So 11.30–22.00, Di Ruhetag

Gasthof Schwan, Maximilianplatz 34
Tel. 0 96 31/7 99 34 27
Mo, Di u. Do 11.00–22.00, Mi, Fr u. So 11.00–14.00, Sa Ruhetag

Konditorei Café Verena, Maximilianplatz 37
Tel. 0 96 31/60 00 95
Mo–Fr 8.00–18.00, Sa 8.00–17.00, So 13.00–17.00

Konditorei Café Rieß, Maximilianplatz 9
Tel. 0 96 31/13 89
Mo–Fr 7.30–18.00, So 13.00–17.00, Sa Ruhetag

Eberhard Polland: Stadtführer Tirschenreuth, Tirschenreuth 2013

Norbert Grüner: Tirschenreuth. Eine Stadt blüht auf, Amberg 2013

Wochenmarkt auf Maximilianplatz mit Verkauf landwirtschaftlicher und gärtnerischer Produkte ganzjährig jeden Do 8.00–13.30

Handwerkliche Ausstellungen am Palmsonntag (alle Brunnen floral geschmückt!)

Ostermarkt am Ostersonntag

Peter-und-Paul-Markt im Juni

Tirschenreuther Passion und Oberpfälzer Jedermann jeweils abwechselnd alle 5 Jahre im Kettelerhaus

3 Neustadt an der Waldnaab

Das Bleikristallzentrum Europas

Ort:

Oberpfälzer Kreisstadt im gleichnamigen Landkreis. Rund 6 000 Einwohner.

Geschichte:

Erste urkundliche Erwähnung 1218 als »nova civitas«. Fällt 1329 an Pfalzgrafen Rupert (Haus Wittelsbach). Kommt 24 Jahre später an Karl IV. In dieser Zeit werden die Stadtrechte verliehen. Von 1575 bis 1807 im Besitz der böhmischen Fürsten von Lobkowitz, danach bayerisch. Zwischen 1884 und 1900 Ansiedlung von drei Glasfabriken. 1945/46 großer Zustrom von Vertriebenen aus dem Sudetenland.

Sehenswürdigkeiten:

Altes und Neues Schloss. Stadtpfarrkirche St. Georg. Rathaus. Schöne Giebelhäuser am Stadtplatz. Kleiner Barockgarten. Stadtmuseum. Stadthalle. Wallfahrtskirche St. Felix und Bildkapelle.

Dauer des Rundgangs:

Mit Einkehr und Besuch des Stadtmuseums 4–5 Std.

Anfahrt:

ÖPNV: Von Regensburg, Hof oder Bayreuth mit dem Zug bis Weiden, von da weiter mit der Bahn über Altenstadt a. d. Waldnaab bis Neustadt a. d. Waldnaab.
Kfz: Auf der A 93 bis Ausfahrt 21a (»Neustadt a. d. W«) oder Ausfahrt 21b (»Altenstadt a. d. W«) und von dort zum Parkplatz am Bhf. Neustadt oder an der Stadthalle.

Die kleinste Kreisstadt Bayerns hat eine bewegte Vergangenheit. Hauptsächlich geprägt wurde das Städtchen von der rund 250-jährigen Herrschaft der böhmischen Adelsfamilie von Lobkowitz, die mit zwei Schlössern, der Pfarrkirche St. Georg und der Wallfahrtskirche St. Felix überaus sehenswerte Bauten hinterlassen hat. In der Neuzeit sind es dann drei große Glashütten, die um die Jahrhundertwende in Neustadt angesiedelt wurden und den Ort zum Bleikristallzentrum Europas machten. Beides, die Hinterlassenschaften der Fürsten von Lobkowitz und die großartigen Produkte der Glasfabriken und Glasschleifereien, werden wir auf unserem Rundgang ausführlich zu sehen bekommen.

Der Stadtplatz

Die Bahnhaltestelle in Neustadt liegt an der **Georgstraße**, auf der wir uns nach links auf den Weg machen. Wir überqueren die **Floß**, ein kleines Flüsschen, das kurz darauf in die Waldnaab mündet, und gehen auf der Theisseiler-Straße bis zur Freyung weiter. Ins Zentrum der Stadt ist es jetzt nicht mehr weit. Wir halten uns rechts und haben in ein paar Minuten den historischen **Stadtplatz** erreicht. Es dürfte schwer fallen, in Bayern einen Ort mit nur 6 000 Einwohnern zu finden, der mit einem derartig geschlossenen Ensemble farbenfroher Giebelhäuser aufwarten kann.

Gleich rechter Hand auf dem Stadtplatz befindet sich das **Rathaus** mit dem **Tourismusbüro**, dahinter sind die Stadtkirche St. Georg und das Stadtmuseum. Diesen zwei Highlights werden wir uns etwas später ausführlich widmen; jetzt gehen wir erst einmal weiter geradeaus und staunen. Es sind vorwiegend

Der Stadtplatz mit St. Georg und dem Rathaus

spitze Giebelhäuser, die den Platz umsäumen, und kein Haus gleicht dem anderen. Besonders imposant ist zum einen das gelbe Haus auf der linken Seite neben der Apotheke, das ehemalige **Stadtrichterhaus**, zum anderen das auf der rechten Seite des Stadtplatzes, das **Hanklhaus** neben dem Alten Schloss, das einst eine fürstliche Bierschenke, später eine Weinschenke war und jetzt Sitz des **Tourismuszentrums des Landkreises** Neustadt an der Waldnaab ist. Im Obergeschoss des dreigeschossigen Giebelhauses hatte Fürstin Auguste Sophie von Lobkowitz einen Betsaal einrichten lassen, der heute als Sitzungsraum des Landratsamtes genutzt wird.

Das Alte und Neue Schloss

Ab sofort gilt unsere ganze Aufmerksamkeit den zwei wichtigsten Gebäuden der Stadt. Im Jahr 1532 war das **Alte Schloss** neben dem Hanklhaus in die jetzige Form umgebaut worden; es gilt nach Schätzung der Denkmalschützer als eines der bedeutendsten profanen Gebäude in der nördlichen Oberpfalz. Eine Besichtigung der Foyers ist während der Öffnungszeiten des Landratsamtes möglich, die der restlichen Räumlichkeiten allerdings leider nicht.

Im **Neuen Schloss**, das seit 1808 Sitz des Landrichters und in der Folge Sitz des Landratsamtes ist, sind die ehemalige Kapelle und die Dauerausstellung im zweiten Obergeschoss äußerst sehenswert. Fürst Philip Hyazinth von Lobkowitz hatte den quer zur Straße stehenden Trakt Ende des 17. Jahrhunderts in Auftrag gegeben, zum Bau von zwei weiteren geplanten Trakten kam es dann aber nicht. Glanzstück des Barockgebäudes sind die herrlichen Stuckarbeiten in der **Schlosskapelle**, ein Zyklus von 17 Bildern zum Apostolischen Glaubensbekenntnis. Interessant ist auch die **Ausstellung** zur Geschichte der **Fürsten von Lobkowitz**, die zum europäischen Hochadel zählten und neben Ländereien in Böhmen über beträchtliche Besitzungen in Schlesien und Wien verfügten. Mit ihrer Grafschaft Neustadt-Störnstein stiegen sie in den Fürstenstand des Deutschen Reichs auf, mit Sitz und Stimme im immerwährenden Reichstag.

Eine Ausstellung im ersten Stock des Neuen Schlosses ist der **»Faszination Natur«** gewidmet; sie zeigt in Anlehnung an historische Holzkabinette heimische Baumarten. Gegenüber dem Schloss, auf der anderen Seite des Stadtplatzes, kann man zwi-

Der Barockgarten des Neuen Schlosses

schen den Häusern auf das idyllische Waldnaabtal hinunterschauen – der Ausblick ist überwältigend schön. Keinesfalls versäumen dürfen wir anschließend den kleinen **Barockgarten** hinter dem Neuen Schloss, der im Sommer, wenn die Rosen blühen, zu einem wahren Paradiesgärtlein wird.

St. Georg und das Stadtmuseum

Nachdem wir uns den Stadtplatz ausgiebig angeschaut haben, werfen wir jetzt einen Blick in die **Pfarrkirche St. Georg**. Die aus dem 12. Jahrhundert stammende Vorgängerkirche wurde 1735 abgebrochen; die böhmischen Herren veranlassten einen barocken Neubau, der ihnen als Hofkirche und Grablege dienen sollte. Im Chorbogen prangt das pompöse Wappen des Fürstenhauses. Das **Altarbild** mit »St. Georg in der Glorie« entstand 1836, gemalt von dem Neustädter Thaddäus Rabusky, einem berühmten Sohn der Stadt. Die Innenausstattung im Rokokostil ist überaus gefällig und reichhaltig, interessant sind auch die zwölf **Zunftstangen** an den Wänden.

Unmittelbar hinter der Kirche liegt das **Stadtmuseum**, untergebracht in einem ehemaligen Schulgebäude. Vor allem wegen der kostbaren mundgeblasenen und handgeschliffenen Kunstwerke aus Bleikristall sollte ein Besuch nicht versäumt werden. Prunkstück der Unikate heimischer Glasmacher ist die einen Meter hohe **Goldrubin-Überfangvase**, die größte ihrer Art weltweit. Außerdem zeigt das Museum viele Exponate zur Stadtgeschichte, so einen **Lederhandschuh** von Karl IV., den der Kaiser als Unterpfand für eine Waldschenkung am Ort zurückgelassen hatte; ein Brauch, der bei Rechtsgeschäften im Mittelalter durchaus üblich war. Informiert wird der Besucher ferner über das bürgerliche Leben und das religiöse Brauchtum im Neustadt der früheren Jahrhunderte. Da das Museum erst um 14 Uhr öffnet, sollte der Rundgang darauf abgestimmt werden.

Auf zur Wallfahrtskirche

Das Wichtigste in der Altstadt haben wir in Augenschein genommen, nun wollen wir auch die reizvolle Umgebung näher kennenlernen, und zwar auf dem rund fünf Kilometer langen **Rundwanderweg** zur Wallfahrtskirche St. Felix, markiert mit rotem Punkt auf weißem Grund. Der Start befindet sich an der Museumspassage. Dann halten wir uns rechts, laufen geradeaus bis zur Bräuhausstraße, und dort überqueren wir anschließend links die Floßbrücke. Vor uns steht in großen Buchstaben der Hinweis »Factory Outlet«, dahinter liegen die Gebäude der letzten der drei ehemals großen Glasfabriken, der **Nachtmann Bleikristall AG** mit angeschlossenem Werksverkauf. Bevor der Rundgang fortgesetzt wird, dürfte es durchaus verlockend sein, sich in den Ausstellungsräumen die edlen Bleikristalle und funkelnden Kristallgläser anzuschauen. Der Eintritt ist frei.

Danach gehen wir wieder zur Floßbrücke und weiter links neben dem Fluss, bis links die Theisseilerstraße auftaucht. Hier waren wir ja schon, und da ist auch die Georgstraße und die Bahnhaltestelle. Der eine oder andere könnte der Versuchung erliegen, jetzt gleich die Rückfahrt anzutreten. Wer aber noch einigermaßen Mumm in den Knochen hat, geht frohen Muts weiter, biegt rechts in die **Felixallee** ein und schafft den Aufstieg zur Kirche in zehn bis 15 Minuten. Oben angekommen, sind wir gut 40 Meter über der Stadt und haben einen grandiosen Blick auf das Waldnaabtal mit dem mäandernden Fluss. In der Ferne sind die Türme der Weidener Kirchen und der markante Kegel des Parksteins klar zu sehen.

1729 hatten Kapuzinermönche hier zunächst eine hölzerne Kapelle errichtet, die jedoch so viele Pilger anzog, dass man bald mit dem Bau der jetzigen **Wallfahrtskirche** begann, deren Inneneinrichtung 1765 beendet war. Die Herren von Lobkowitz sorgten dafür, dass die Kirche aufwendig ausgestattet wurde, mit drei Altären, mit Fresken am Deckengewölbe, Heiligenfiguren an den Wänden, mit schöner Kanzel und ebenso schöner Orgel. Mittelpunkt des Hochaltars ist die überlebensgroße Figur des heiligen Felix.

Die Wallfahrtskirche St. Felix

Restaurant Peters oder Weißes Rößl

Wir verlassen die Kirche und gehen die Felixallee Richtung Norden ein Stück weiter. Mit dem roten Punkt biegen wir anschließend gleich links in den Eichendorff-Weg ein und genießen die himmlische Ruhe. Am Ende des Waldwegs halten wir uns links und kommen zu der kleinen **Bildkapelle**, die Maria gewidmet ist. Mit dem roten Punkt schwenken wir auf der rechten Seite in die Bildstraße ab, vorbei am Gymnasium rechts und dem Beruflichen Schulzentrum links, um kurz darauf linker Hand auf schmalem Waldweg mit vielen Treppen vorsichtig »hinabzugleiten«. Wir überqueren auf einem Brücklein die Floß, gehen nach rechts und eine Weile an dem Flüsschen entlang und biegen dann ab zur Stadthalle. Hier, genauer im **Restaurant Peters**, können wir gemütlich einkehren, uns ausgiebig stärken und erholen. Eine Alternative wäre, zum Neuen Schloss weiterzugehen und auf der Knorrstraße bis zum Raiffeisenplatz zu schlendern, um dort das **Speiselokal Weißes Rößl** zu überfallen. So oder so, auf keinen Fall sollte aber versäumt werden, mit dem »Dotsch« ein Oberpfälzer Leibgericht zu probieren, auch ein Obatzter oder Leberkas sind beliebte Oberpfälzer Schmankerl.

Satt und zufrieden machen wir uns abschließend über Stadtplatz und Freyung auf den Weg zum Bahnhaltepunkt und kommen an zwei **Zoigl-Wirtschaften** vorbei. Liebhaber des ungefilterten untergärigen Biers können hier durchaus fündig werden, müssen sich aber zuvor erkundigen, welcher Zoigl-Wirt geöffnet hat.

Neustadt a. d. Waldnaab: ausgewählte Informationen und Highlights

Tourist-Information Landkreis Neustadt a. d. Waldnaab
Stadtplatz 34, 92660 Neustadt an der Waldnaab
Tel. 0 96 02/79 10 50, www.oberpfaelzerwald.de

Stadtmuseum, Stadtplatz 10
Tel. 0 96 02/9 43 40, www.neustadt-waldnaab.de
Di–Fr 14.00–16.00, Apr–Okt auch Sa u. So 14.00–17.00

Stadthalle, Am Hofgarten
Tel. 0 96 02/94 34 18, www.neustadt-waldnaab.de

F. X. Nachtmann Bleikristallwerke, Zacharias-Frank-Str. 7
Tel. 0 96 02/30 11 76, www.nachtmann.de
Mo–Fr 10.00–18.00, Sa 9.00–13.00

Speiselokal Weißes Rößl, Raiffeisenplatz 2
Tel. 0 96 02/13 49, www.weisses-roessl.de
Mo, Mi u. Fr 10.00–14.00 u. ab 19.00
Do u. Sa 10.00–14.00, So u. Fei 9.00–14.00, Di Ruhetag

Restaurant Peters, Am Hofgarten 1
Tel. 0 96 02/91 84 55, www.peters-restaurant.de
Di–So 11.00–23.00, Mo Ruhetag

Zoiglstube Zum Waldhauser, Freyung 26
Tel. 0 96 02/93 98 98, aktuelle Öffnungszeiten unter www.zoiglinfo.de

Zoiglstube Beim Brucksaler, Bahnhofstr. 13
Tel. 0 96 02/92 01 35, Öffnungszeiten unter www.brucksaler.de oder www.zoiglinfo.de

Wolfgang Benkhardt: Natürlich. Nördlicher Oberpfälzer Wald, Amberg, 2. Aufl. 2012

Heinrich Ascherl: Geschichte der Stadt und Herrschaft Neustadt an der Waldnaab, Neustadt/WN 1982

Georgsmarkt im Apr
Bürgerfest am 3. Sa im Juli

4 Auerbach in der Oberpfalz

Geprägt von einer 1000-jährigen Bergbaugeschichte

Ort:

Stadt im Landkreis Amberg-Sulzbach. Ca. 9000 Einwohner.

Geschichte:

Erste urkundliche Erwähnung 1009 als »Urbach«. Der Ort kommt 1119 in Besitz des neu gegründeten Benediktinerklosters Michelfeld und wird 1144 Markt. 1314 verleiht König Ludwig der Bayer Auerbach die Stadtrechte. Durch Kaiser Karl IV. wird Auerbach 1373 vorübergehend sogar zur Hauptstadt von Neuböhmen. Karls Sohn und Nachfolger, König Wenzel, errichtet in dem Ort um 1390 eine eigene Münzwerkstätte. 1400 fällt Auerbach an die Pfalz. Schwere Zerstörungen 1430 während der Hussitenkriege. 1556 Einführung des lutherischen Glaubens durch Kurfürst Ottheinrich, ab 1628 ist Auerbach unter dem bayerischen Kurfürsten Maximilian wieder katholisch. Während des Dreißigjährigen Kriegs brandschatzen schwedische und kaiserliche Truppen die Stadt. Durch die nahen Erzgruben und die Hammerwerke wird Auerbach zu einem Zentrum der Eisenindustrie. Erst mit Schließung der Grube Leonie am 11. Mai 1987 endet die Auerbacher Bergbaugeschichte – Leonie war die letzte deutsche Eisenerzgrube, ihre Bodenschätze hätten wohl noch 25 Jahre gereicht.

Sehenswürdigkeiten:

Gotisches Rathaus. Historische Häuser am Oberen Marktplatz und am Unteren Markt. Alte Münze im Schlosshof. Pfarrkirche St. Johannes der Täufer. Spitalkirche St. Katharina. Stromer-Gedenktafel am Oberen Marktplatz. Großer Stadtweiher. museum34. Lodes-Museum. Bergbaumuseum Maffeischächte im Ortsteil Nitzlbuch. Klosteranlage und Asampfarrkirche St. Johannes der Evangelist im Ortsteil Michelfeld.

Dauer des Rundgangs:

Ohne Einkehr und Museumsbesuch rund 2 Std.

Anfahrt:

ÖPNV: Mit dem Zug bis Pegnitz oder Neuhaus a. d. Pegnitz, von dort mit den Buslinien 450 bzw. 452 nach Auerbach.

Kfz: Auf der A 9 bis Ausfahrt 44 (»Pegnitz«), anschließend auf der B 85/B 470 zu den Parkplätzen auf dem Place de Laneuville, auf dem Unteren oder dem Oberen Markt.

Die Region zwischen Auerbach und Sulzbach, früher eines der größten Zentren für Bergbau und Eisenverarbeitung, war für die damalige Zeit so etwas wie das »Ruhrgebiet des Mittelalters«. Eine erste Aufzeichnung über Feuerstellen für Eisenschmelzen datiert aus dem Jahr 1275. In der südöstlich von Auerbach gelegenen Grube Nitzlbuch, dem ergiebigsten bayerischen Eisenerzbergwerk, wurden allein von 1906 bis 1978 rund 16 Millionen Tonnen Erz gefördert. In der Lagerstätte Leonie lagen bei der Schließung 1987 noch geschätzte 20 Millionen Tonnen des wertvollen Rohstoffs. Den Erzgruben verdankt Auerbach seinen Aufstieg zu frühem Wohlstand, und interessierte Besucher müssen nicht lange suchen, um mit Relikten der Auerbacher Bergbaugeschichte Bekanntschaft zu machen.

Am Oberen Marktplatz

Wir beginnen unseren Rundgang vor dem Auerbacher Rathaus. Hier liegt ein wuchtiger **Brauneisenerz-Brocken** aus der Grube Nitzlbuch, unsere erste Begegnung mit der Auerbacher Bergbauvergangenheit. Das im gotischen Stil erbaute **Rathaus** blickt auf eine 600-jährige Geschichte zurück, denn begonnen wurde mit

Die Jagd auf den Auerochsen als Wandgemälde im historischen Rathaussaal

dem östlichen Teil bereits 1418, ergänzt 1551 mit dem westlichen Teil. Unbedingt sehenswert ist der knapp 100 Jahre alte **Rathaussaal** mit seinen Wandgemälden. Oberhalb der Eingangstür in den Sitzungssaal erblicken wir eine Szene mit einer Jagd auf den Auerochsen, seit mindestens 1400 das Wappentier der Stadt. Auf der gegenüberliegenden Wand ist hoch zu Ross der Einzug von Kaiser Karl IV. anno 1364 in Auerbach dargestellt. Neun Jahre später machte er Auerbach zur Hauptstadt seines Territoriums Neuböhmen.

Auf dem **Oberen Marktplatz** hinter dem Rathaus entdecken wir beim Aufgang zur Kirche vor dem ehemaligen Stadtschreiberhaus die **Bronzebüste** des 1476 in Auerbach geborenen **Dr. Heinrich Stromer**, des wohl bedeutendsten Sohnes der Stadt, der es in Leipzig als Arzt und Rektor der dortigen Universität zu hohem Ansehen brachte. Nach seiner Heirat mit einer reichen Leipziger Bürgerstochter errichtete er ein großes Messehaus mit geräumigen Kellern, in denen sich seine Weinwirtschaft schnell großer Beliebtheit erfreute – und die Stromer nach seinem Geburtsort benannte. Durch Goethes *Faust* ist *Auerbachs Keller* in die Weltliteratur eingegangen; er gehört zu den weltberühmten Gaststätten. Eine schlichte Gedenktafel am Oberen Marktplatz 9, dort, wo einst das Geburtshaus Stromers stand, erinnert an den großen Gelehrten.

Anschließend widmen wir uns eingehender der katholischen **Pfarrkirche St. Johannes der Täufer**. In großen Lettern prangt auf dem über 60 Meter hohen Kirchturm ein »Glück auf«, der Willkommensgruß der Bergleute. Im Inneren des nach Plänen von Georg Dientzenhofer 1686/87 errichteten Neubaus bewundern wir den weltweit einzigen **Eisenerzaltar**, geschaffen 1993 aus dem Erzgestein der Grube Leonie zur Erinnerung an den 1000-jährigen Auerbacher Bergbau. Besonders zu beachten sind in den hinteren Seitenkapellen vier prächtige **Akanthus-Altäre** des einheimischen Künstlers Johann Michael Doser aus dem 18. Jahrhundert. Einer der Akanthus-Altäre ist der heiligen Barbara gewidmet, der Schutzpatronin der Bergleute.

Bummel zum großen Stadtweiher

Nun auf den **Unteren Markt**, wo uns eine Vielzahl altehrwürdiger Gebäude erwartet. An den historisch wichtigen Häusern findet man Tafeln, die auf die bewegte Geschichte des Ortes hinweisen.

Die Marien-Apotheke mit der wohl schönsten Fassade der Stadt

Wir bummeln also mit offenen Augen die Marktstraße entlang und entdecken sofort rechter Hand in Nr. 1 die **älteste Apotheke** der Oberpfalz. Das ursprüngliche Patrizierhaus war 1319 erbaut und zunächst eine Gastwirtschaft, wird aber seit 1684 als Apotheke genutzt. Das rückwärtige Gebäude von Nr. 4 ist ein romanisches Haus aus dem 12. Jahrhundert, Nr. 8 ist ein Patrizierhaus, erbaut 1530, und Nr. 9, bis vor Kurzem *Hotel Goldener*

Löwe, war seit 1144 eine Tafernwirtschaft und über 100 Jahre Stammlokal des Bergknappenvereins – nunmehr ist das Haus im Besitz der Stadtverwaltung. Natürlich haben wir vor dem Sparkassengebäude auch den bulligen **lebensgroßen Auerochsen** nicht übersehen, ein Werk des Bildhauers Dominik Dengl aus dem Jahr 2007.

Der Chronist Hans-Jürgen Kugler ist der Geschichte von 300 Auerbacher Häusern und Familien sorgfältig nachgegangen – das alles kann man in den zwei inzwischen vorliegenden dickleibigen Bänden *Auerbach in der Oberpfalz* (s. S. 41) nachlesen.

In der rechter Hand abbiegenden Schloßhofstraße liegt die **Alte Münze**. König Wenzel hatte in dem bereits als Kastenamt bestehenden markanten Gebäude um 1390 eine Münzwerkstatt eingerichtet. Nunmehr ist hier eine kleine Gastwirtschaft eingezogen, und seit Juni 2012 wird in den oberen Stockwerken außerdem das umfangreiche Lebenswerk des einheimischen **Rudolf Lodes** präsentiert. Lodes war Arzt und passionierter Künstler – er hat der Nachwelt eine Reihe überaus sehenswerter Ölgemälde, Radierungen sowie Linol- und Holzschnitte hinterlassen.

Weiter dann auf der Marktstraße. Kurz vor der Ampelanlage stand bis 1868 das Untere Tor. Wir überqueren die Straße und befinden uns dann in der **Unteren Vorstadt**. Gleich darauf errei-

Die überwältigende Innenausstattung der Asamkirche in Michelfeld

chen wir das Bürgerspital, werfen rasch einen Blick in die kleine **Spitalkirche St. Katharina** aus dem 14. Jahrhundert und sind anschließend am **Großen Stadtweiher** angelangt. Hier legen wir eine Pause ein, genießen das idyllische Panorama und beobachten Enten und Schwäne bei ihrem emsigen Treiben.

Auf dem Weg zurück in die Innenstadt durchlaufen wir den angrenzenden **Stadtpark** und kommen auf der Weiherstraße zu einem Sport- und Kinderspielplatz. Danach biegen wir nach links in die Alleestraße ein, auf der wir ein paar Meter nach rechts laufen, um kurz darauf links über die Apothekergasse wieder am Rathaus anzukommen.

Wirtshaus- und Museumsbesuch

Wer einkehren möchte, dem sei das *Restaurant SoulFood* am Unteren Markt oder das *Café Postillion* in der Pfarrstraße empfohlen.

Zuvor oder danach ist natürlich ein Besuch im **museum34** unverzichtbar. Im Obergeschoss wird die Geschichte der Stadt eindrucksvoll dargestellt, unter anderem anhand eines **Geschichtsschranks** mit über 40 Fächern, wobei jedes Fach ein entscheidendes Ereignis in der Historie Auerbachs in Bildern und mit Worten beschreibt. Das **Kellergewölbe** ist durch den kleinen Innenhof über ausgetretene Steinstufen zu erreichen. In anschaulicher Form werden dort Arbeit und Leben der Bergleute dargestellt. Insbesondere erfährt man, wie in den Gruben Maffei und Leonie gearbeitet wurde. Zu sehen ist auch ein »Abgang« in die Unterwelt Auerbachs, ist doch die gesamte Innenstadt auf Sandstein gebaut und mit einem unterirdischen **Gangsystem** verbunden, das zwar im Laufe der Zeit teilweise eingestürzt ist und verloren ging, aber in den kommenden Jahren wieder instandgesetzt werden soll. Informiert wird auch über die mittelalterlichen Fluchtstollen, die so gebaut worden waren, dass die Bewohner bei Kriegsgefahr möglichst schnell untertauchen konnten.

Abstecher nach Michelfeld und Nitzlbuch

Noch stehen zwei Highlights aus, die Fördertürme mit dem *Bergbaumuseum Maffeischächte* in Nitzlbuch und St. Johannes der Evangelist in Michelfeld.

Die Einfahrt in die Unterwelt der Maffeischächte

Für Autofahrer sind die zwei Ortsteile schnell erreicht. Wer auf öffentliche Verkehrsmittel angewiesen ist, kann ebenfalls beide Sehenswürdigkeiten mitnehmen. So führt vom Unteren Markt stündlich der Bus 450 nach **Michelfeld**, und von der Haltestelle »Asamweg« sind es dann nur ein paar Schritte zu der nach Plänen von Johann und Wolfgang Dientzenhofer errichteten Abteikirche. Die zwei Asam-Brüder Cosmas Damian und Egid Quirin haben **St. Johannis** mit ihren Mal- und Stuckarbeiten zu einer der schönsten Barockkirchen in Süddeutschland gemacht, und dieses Kunsterlebnis sollte man sich auf keinen Fall entgehen lassen. Zudem besteht in Michelfeld mit dem **Gasthaus Schenk** auch eine vorzügliche Einkehrmöglichkeit.

Komplizierter ist für Bahnfahrer das Erreichen der **Maffeischächte**, es sei denn, man nutzt den »Auerbacher-Erz-Express«, Freizeitlinie 339, der vom 1. Mai bis 1. November an Sonn- und Feiertagen jeweils drei Mal von Pegnitz nach Neuhaus hin und zurück unterwegs ist und auch am **Bergbaumuseum** hält. Hier kann man einen Schaustollen besichtigen, zu einem Förderturm aufsteigen, erhaltene Arbeitsgeräte wie Hunt und Dampflok bestaunen – nirgendwo sonst ist die 1000-jährige Oberpfälzer Bergbaugeschichte so eindrucksvoll dokumentiert.

Auerbach i. d. OPf.: ausgewählte Informationen und Highlights

Stadt Auerbach i. d. Oberpfalz, Oberer Marktplatz 1, 91275 Auerbach
Tel. 0 96 43/2 00, www.auerbach.de

museum34, Unterer Markt 34
Tel. 0 96 43/2 03 80 (Museumsleiter), www.museum34.de
Mo–Fr 9.00–17.00, Sa 9.00–12.00 u. So 14.00–17.00

Lodes-Museum, Schlosshof 1
Tel. 0 96 43/5 20, www.lodes-museum.de
So 14.00–17.00 oder nach Voranmeldung

Bergbaumuseum Maffeischächte, Ortsteil Nitzlbuch
Tel. 0 96 43/2 04 95 73, www.maffeispiele.de
Führungen Mai–Okt jeweils am 1. So im Monat 14.00–17.00

Restaurant SoulFood, Unterer Markt 35
Tel. 0 96 434/20 52 22 5, www.restaurant-soulfood.com
Mi–So 12.00-14.00 u. 17.30–22.00

Café Postillion, Pfarrstr. 8
Tel. 0 96 43/20 43 19, www.cafe-postillion.de
Mo–Fr 7.00–18.00, So 8.30–18.00, Fei 9.00–17.30, Sa Ruhetag

Gasthaus Schenk, Ortsteil Michelfeld, Hauptstr.19
Tel. 0 96 43/15 86, www.gasthaus-schenk.de
Mi–So 11.30-14.00 u. 17.30–20.30, Mo ab 14.00 u. Di Ruhetag

Hans-Jürgen Kugler: Auerbach in der Oberpfalz. Die Geschichte seiner Häuser und Familien. Selbstverlag, 2008 Bd.1, 2010 Bd.2.

Bürgerfest bzw. Altstadtfest im Wechsel jeweils am 1. Juli-Wochenende

Maffeispiele am 2. Juli-Wochenende

Bergwerksweihnacht am 2. Advents-Wochenende

5 Weiden in der Oberpfalz

Die Max-Reger-Stadt

Ort:
Kreisfreie Stadt im ostbayerischen Regierungsbezirk Oberpfalz. Rund 42 000 Einwohner.

Geschichte:
Erste urkundliche Erwähnung 1241. Fällt knapp 30 Jahre später als Bestandteil des Staufer Erbes an Wittelsbacher Herzöge; gegen Ende des 13. Jahrhunderts als Stadt bezeichnet. Kommt durch Karl IV. 1360 zu Neuböhmen. Unter Karls Sohn Wenzel mehrfach verpfändet. Ansehnlicher Wohlstand im 15. und 16. Jahrhundert. 1421 teilen sich Markgraf Friedrich von Brandenburg und Pfalzgraf Friedrich von Neumarkt die Herrschaft, Weiden hat in Folgezeit zwei Landesherren. Pest und wiederholte Plünderungen während des Dreißigjährigen Kriegs führen zu wirtschaftlichem Niedergang. 1663 Einführung des Simultaneums. Fällt 1777 an Kurbayern. Erst ab Mitte des 19. Jahrhunderts wirtschaftlicher Aufschwung (Anschluss an Bahnnetz, Ansiedlung von Glas- und Porzellanfabriken).

Sehenswürdigkeiten:
Alte Stadtmauer mit Wehrgängen und zwei Stadttoren. St.-Michael-Kirche. Kirche St. Josef. St.-Sebastian-Kirche. Marktplatz mit Altem Rathaus und schönen Renaissance-Giebelhäusern. History Point. Stadtmuseum. Waldsassener Kasten mit Internationalem Keramik-Museum. Adenauer-Anlage. Max-Reger-Haus. Max-Reger-Park und Max-Reger-Halle.

Dauer des Rundgangs:
Ohne Einkehr und Museumsbesuch gut 2 Std.

Anfahrt:
ÖPNV: Von Regensburg, Nürnberg oder Bayreuth direkt mit dem Zug zum Bhf. Weiden.
Kfz: Auf der A 93 (Regensburg–Hof) bis Ausfahrt 23 (»Weiden West«) oder Ausfahrt 25 (»Weiden Süd«), anschließend zum ausgeschilderten Parkplatz am Bhf.

Weiden liegt im Schnittpunkt von zwei wichtigen Fernhandelsstraßen – an der von Nürnberg nach Prag führenden »Goldenen Straße« und an der Straße Magdeburg–Regensburg. Das hatte im 15. Jahrhundert vor allem den Eisenhandel belebt und die Ansiedlung reicher Handelsfamilien begünstigt, erwies sich aber während des Dreißigjährigen Kriegs als extrem nachteilig. Denn während der Kriegswirren wurde die Stadt wiederholt bald von den Söldnerheeren der Kaiserlichen, bald von schwedischen Truppen durchzogen und gebrandschatzt, mit der Folge, dass die davor wohlhabende Stadt Ende des Krieges völlig verarmt war. Umso erstaunlicher ist es, dass die Altstadt in ihrer ursprünglichen Form weitgehend erhalten geblieben ist.

Auf dem Weg in die Altstadt

Unser Rundgang beginnt am Weidener **Bahnhof**. Wir gehen nach links die Bahnhofstraße entlang und biegen auf dem Josef-Witt-Platz rechts in die **Max-Reger-Straße** ein. Hier, auf Weidens Einkaufsmeile, herrscht stets ein munteres Treiben: keine Autos, da Fußgängerzone, dafür zahllose Passanten, die von Geschäft zu Geschäft eilen. Einkaufen macht hier einfach Spaß – kaum vorstellbar, dass an diesem Ort jemand nicht zum Geldausgeben animiert wird. Wir überqueren am Ende der Straße lässig den Macerata-Platz, und die Wörthstraße bringt uns rechts zum Issy-les-Moulineux-Platz. Mit Durchschreiten des **Oberen Tors** ist die Altstadt erreicht.

Prächtige Giebelhäuser am Unteren Markt

Von Tor zu Tor

Vor uns liegt jetzt der historische **Marktplatz**. Was für ein erhebender Anblick! In der Mitte das **Alte Rathaus** mit markantem achteckigen Turm, ein opulentes Renaissancegebäude, das nach den zwei verheerenden Stadtbränden von 1536 und 1540 neu erbaut wurde. Jeweils um 11.35 und 16.35 erklingt ein **Glockenspiel** an der Frontseite des Rathauses. Umrahmt ist der Marktplatz von malerischen Giebelhäusern, eines schöner als das andere. Unendlich viel gibt es hier zu sehen und zu entdecken, hier kann man gemütlich entlangbummeln, nach Herzenslust Einkäufe tätigen und genussvoll einkehren – der Markt ist Flanier-, Einkaufs- und Schlemmermeile. Deshalb sollte man sich Zeit lassen und in Ruhe und mit offenen Augen vom Oberen Markt zum Unteren Markt schlendern, so wie schon zur Zeit der Goldenen Straße die Reisenden von Tor zu Tor zogen. Jeden Mittwoch und Samstag ist im Übrigen **Wochenmarkt**, vorwiegend mit Produkten aus der Region.

Viele Häuser am Marktplatz haben ihre ganz eigene Geschichte, so kam beispielsweise Goethe im September 1786 auf seiner italienischen Reise durch Weiden und kehrte in **Haus Nr. 11** am Oberen Markt ein, in der ehemaligen Poststation. Gleich daneben, in **Haus Nr. 5**, nächtigte Friedrich V. von der Pfalz im Oktober 1619 auf seiner Fahrt nach Prag – seitdem sprach man hier vom »Churpfälzer Hof«.

Der auf den ersten Blick bizarr wirkende **Mauermannbrunnen** ist das Werk eines einheimischen Künstlers und zeigt Szenen aus der Stadtgeschichte und des Oberpfälzer Brauchtums. Das **Untere Tor**, gebaut im 14. Jahrhundert, ist das Pendant zum Oberen Tor. Wir folgen dem Hinweis »History Point« und finden dort, im Schutz der alten Stadtmauer, ansprechend gestaltete Tafeln zur Stadtgeschichte. Das Lesen lohnt sich!

St. Sebastian und Waldsassener Kasten

Unmittelbar hinter dem Unteren Tor kommen wir zum **Schlörplatz** mit dem Denkmal von Gustav von Schlör, dem die Stadt den Anschluss an das Eisenbahnnetz zu verdanken hat. Eine der zwei großen Eichen auf dem Platz wurde 1824 anlässlich des 25-jährigen Regierungsjubiläums von König Max gepflanzt, der andere Baum ist die Friedenseiche zur Erinnerung an das Ende

Porzellan der Firma Seltmann im Keramik-Museum

des Deutsch-Französischen Kriegs 1871. Nach kaum 100 Metern auf der anschließenden Sebastianstraße steht man vor **St. Sebastian**, Weidens zweitältester Kirche. Der Vorgängerbau von 1486 wurde durch Blitzschlag vernichtet, aber 1692 bis 1697 im Barockstil neu geschaffen. Zu sehen sind etliche **Zunftstangen** sowie auf der linken Seite des Chorraums ein **Grabdenkmal** aus Sandstein für die früh verstorbenen Zwillinge des Pfalzgrafen Friedrich von Parkstein, der zu jener Zeit residierender Landesherr in Weiden war.

Zurück Richtung Altstadt gehen wir auf der Ledererstraße, die in die Bürgermeister-Prechtl-Straße mündet. An **Haus Nr. 31** verweist eine Gedenktafel darauf, dass hier bis 1901 die Familie Reger wohnte; hier verbrachte auch **Max Reger,** Weidens berühmtester Sohn, seine Jugendjahre. Schon als 15-Jähriger hatte er zu komponieren begonnen. In Weiden entstanden seine bedeutendsten Orgelwerke.

Wir biegen anschließend rechts in die Scheibenstraße ein und stehen vor dem **Waldsassener Kasten**, einem gewaltigen Barockbau aus dem Jahr 1739, einst vom Kloster Waldsassen als Getreidespeicher genutzt. Seit 1990 ist dort das **Internationale Keramik-Museum** untergebracht. Ein Besuch ist sehr zu empfehlen. Zu sehen sind außergewöhnliche Keramikprodukte aus der Antike, aus Asien und Lateinamerika, außerdem Produkte der Weidener Porzellanfabriken *Christian Seltmann* und *Gebr. Bauscher*, deren Existenz wesentlich zum wirtschaftlichen Aufschwung der Stadt Anfang des 20. Jahrhunderts beigetragen hat.

Jugendstil vom Feinsten

Nach Verlassen des Museums werfen wir rasch einen Blick auf den **Flurerturm** am Ende der Scheibenstraße. Es ist dies das letzte Überbleibsel des äußeren Befestigungsrings.
Dann weiter auf der **Luitpoldstraße**: Unserem scharfen Auge entgeht nicht, dass einige Hausfassaden schöne Jugendstilornamente aufweisen. Kurz nach der Feuerwache erreichen wir **St. Josef**, dessen zwei Türme schon von Weitem zu sehen sind. Die katholische Kirche entstand 1900/01, als das Simultaneum aufgehoben wurde und die katholische Bevölkerung damit ein eigenes Gotteshaus bekam. St. Josef ist ein wahres Juwel: Kanzel, Deckengewölbe, Orgelempore, Hochaltar, Fenster, Seitenaltäre mit herrlichen Mosaikeinlagen, Rosetten, Pflanzen, Tiersymbolen und Fabelwesen – alles atmet den Geist der Epoche, die als Jugendstil in die Kunstgeschichte eingegangen ist. Am besten ist

Die Doppeltürme von St. Josef

es, sich hinzusetzen und die Einmaligkeit dieses Raumes wirken zu lassen. Wem der Jugendstil zusagt, sollte anschließend unbedingt auf der **Kettelerstraße Haus Nr. 11** anschauen – prachtvoller kann eine Jugendstilfassade kaum sein.

Stadtmuseum und St. Michael

Unmittelbar neben St. Josef liegt ein kleiner Park, die **Konrad-Adenauer-Anlage**. Zu entdecken ist dort dreierlei: ein schlichter Gedenkstein für die während der Hitler-Diktatur ermordeten Juden; ein weiterer Gedenkstein, der anlässlich des 200. Geburtstags des Schriftstellers Joseph Freiherr von Eichendorff geschaffen wurde; und – last but not least – der Max-Reger-Grabstein, der 1930 von Weimar nach Weiden überführt wurde. Über den großen Komponisten, Pianisten, Organisten und Dirigenten werden wir gleich im Stadtmuseum mehr erfahren.

Wir überqueren die Bürgermeister-Prechtl-Straße und gehen in die Schulgasse Richtung Oberer Markt. Gleich links, am Eingang zur Straße »Hinter der Mauer«, sind Reste der alten Stadtmauer mit Wehrgang zu erkennen. Die Schulgasse bringt uns zum **Weiden-am-See-Platz** und damit zum Weidener **Stadtmuseum**, das im Alten Schulhaus untergebracht ist, einem gewaltigen Kastenbau aus dem 16. Jahrhundert. Das Museum zeigt eine Vielzahl von Exponaten zur Geschichte der Stadt, zum Beispiel kunstvolle Produkte der Handwerker, aber auch Wohnungseinrichtungen, etwa eine schwarze Küche sowie eine Schlaf- und Wohnstube. Besonders interessant sind zweifellos die **Max-Reger-Zimmer** mit der Korrespondenz des Komponisten, mit zahlreichen Erstdrucken seiner Werke und vielen persönlichen Unterlagen, die deutlich machen, warum Max Reger zu den bekanntesten und meistgespielten Musikschaffenden um die Jahrhundertwende gehört. Für Paul Hindemith war Reger »der letzte Riese der Musik«.

Unsere ganze Aufmerksamkeit gilt danach der evangelischen **Pfarrkirche St. Michael**. Der heutige Bau entstand Mitte des 15. Jahrhunderts, nachdem zwei Vorgängerbauten untergegangen waren. Die Stadtbrände von 1536 und 1540 trafen auch St. Michael schwer, 1759 war zudem der alte Kirchturm eingestürzt. So hat der im Kern spätgotische Bau inzwischen eine spätbarocke Innenausstattung. Neben der reich geschnitzten Kanzel, dem filigranen Rokokogestühl und dem imposanten Hochaltar sollte auch die neue **Orgel** mit über 3600 Pfeifen gewürdigt werden – auf der Vorgängerorgel hatte Max Reger oft gespielt und etliche seiner Kompositionen zur Uraufführung gebracht. Wie bereits erwähnt stand die Kirche ab 1663 Katholiken und Protestanten gleichermaßen zur Verfügung, was erst mit dem Bau von St. Josef hinfällig wurde.

Bummel durch den Max-Reger-Park

Wieder auf dem Oberen Markt, gehen wir zunächst zum **Oberen Tor** und schauen uns das rote Gebäude daneben näher an, das sogenannte **Veste Haus**. Es war seit dem Ende des 15. Jahrhunderts Sitz der fürstlichen Verwaltung; Pfalzgraf Friedrich von Parkstein residierte hier von 1585 bis 1593. Es ist auch das Geburtshaus von Franz Ferdinand von Rummel, dem späteren Wiener Fürstbischof.

Unser nächstes Ziel ist jetzt der Max-Reger-Park. Wir biegen links neben dem Oberen Tor in die Gasse »Hinterm Zwinger« ein und bummeln gemächlich an der Innenseite der alten **Stadtmauer** entlang, die mit Wehrgängen gut erhalten ist. Hinter dem Mariánské-Lázné-Platz schwenken wir nach rechts ab, überque-

Das fantastische Jugendstilhaus in der Kettelerstraße

ren ein munter dahinplätscherndes Bächlein, den **Stadtmühlbach**, an dem wir gleich linker Hand unseren Rundgang fortsetzen werden. Das leicht nach rechts versetzte Gebäude vor uns ist das **Neue Rathaus**, dahinter liegt, von unserem Standort aus nicht zu sehen, die 1991 entstandene **Max-Reger-Halle**, ein modernes Kultur- und Kongresszentrum, das 2009 mit dem EWC Award »Best Center« ausgezeichnet wurde.

Anschließend gehen wir dann am Stadtmühlbach entlang. Der **Max-Reger-Park** liegt rechter Hand, und da gibt es erneut allerhand zu sehen: ein Schachfeld mit Figuren, eine Bocciabahn, einen Fitnessparcours und, wie nicht anders zu erwarten, ein **Denkmal** für den größten Sohn der Stadt, geschaffen vom Weidener Bildhauer Josef Gollwitzer. Die Orgelpfeifen des Denkmals stehen für die vielen Orgelkompositionen, die Reger geschaffen hat. Die 100 Meter breite und über 300 Meter lange Parkanlage ist eine grüne Oase mit Blumenrabatten, Schatten spendenden Bäumen, bequemen Sitzgelegenheiten und lauschigen Ruheplätzen. Am Ende des Parks, kurz vor der Friedrich-Ebert-Straße, stoßen wir auf einen Pavillon mit Brunnen und unmittelbar an der Straße auf eine kleine **Rokokokapelle** mit einer lebensgroßen Nepomuk-Figur.

Kulinarisches zum Schluss

Wir biegen dann links in die Friedrich-Ebert-Straße ein und kommen so zum Schlörplatz, von dem aus wir schnell wieder den **Marktplatz** erreichen und überlegen werden, wo wir in Weidens »Schlemmermeile« einkehren wollen. Unbedingt probieren sollte man in einer der historischen Gaststätten ein leckeres Erdäpfelgericht – Kartoffelklöße gelten als Weidener Spezialität. Auch ein frisch gezapftes Zoiglbier, zum Beispiel in der Gasthausbrauerei **BräuWirt**, sollte nicht fehlen – der ungefilterte, untergärige Gerstensaft ist ein Oberpfälzer Markenzeichen.

Irgendwann wird letztendlich die Rückreise angetreten. Vielleicht bleibt aber noch Zeit für eine Schnäppchenjagd, beispielsweise im Fachgeschäft *Witt Weiden*, in der Schillerstraße Nähe Wittplatz, oder im Werksverkauf der *Porzellanfabrik Bauscher* in der Fabrikstraße, einer Seitenstraße der Bahnhofstraße.

Weiden i. d. OPf.: ausgewählte Informationen und Highlights

Tourist-Information, Oberer Markt 1, 92637 Weiden
Tel. 09 61/81 41 31, www.weiden-tourismus.info

Stadtmuseum Weiden, Schulgasse 3a
Tel. 09 61/81 41 19, www.weiden.de/wen/kultur
Mo–Fr 9.00–12.00 u. 14.00–16.30, Eintritt frei

Internationales Keramik-Museum, Luitpoldstr. 25
Tel. 09 61/3 20 30, www.die-neue-sammlung.de/weiden
Di–So 10.00–12.30 u. 14.00–16.30, Eintritt frei

Werksverkauf Porzellanfabrik Gebr. Bauscher, Fabrikstr. 1
Tel. 09 61/82 38 00, www.bauscher.de
Mo–Fr 9.30–18.00, Sa 9.30–14.00

Ratskeller Weiden, Unterer Markt 10
Tel. 09 61/4 21 66, tägl. 10.00–22.00

Gasthausbrauerei BräuWirt, Unterer Markt 9
Tel. 09 61/48 13 30, www.braeuwirt.de
Mo–Fr ab 11.00, Sa u. So ab 10.00

Brunner Kaffeehaus, Oberer Markt 13
Tel. 09 61/4 60 80, www.brunnerbaecker.de
Mo–Sa 8.00–18.00, So u. Fei 9.00–18.00

Curt Schuster: Weiden um 1900. Entdeckungsreise in die jungen Jahre der Stadt, Amberg 2007

Stadtführungen Mai–Sep Sa 10.00, Treffpunkt Freitreppe des Alten Rathauses
Bayerisch-Böhmische Kultur- und Wirtschaftstage im März
Frühlingsfest um den 1. Mai
Sommerserenaden von Mitte Juni–Ende Aug jeweils Mi 19.00 u. So 16.00
Bürgerfest am letzten Wochenende im Juni
Kinderbürgerfest am 3. So im Juli
Volks- und Schützenfest um den 15. Aug
Max-Reger-Tage im Sep, Informationen unter www.maxregertage.de

Vilseck

6

Viele Spuren aus dem Mittelalter

Ort:

Stadt im Landkreis Amberg-Sulzbach. Ca. 6 000 Einwohner.

Geschichte:

Erste urkundliche Erwähnung von Vilseck 1185. Nahezu acht Jahrhunderte (bis 1803) bestimmen die Bamberger Bischöfe die Geschicke des Ortes. 1269 wird Vilseck erstmals als »civitas« (Stadt) erwähnt. 1332–1380 Befestigung der Stadt durch Ringmauer mit 17 Türmen und drei Stadttoren. 1512 überfallen Raubritter die Burg und brennen sie nieder. Zehn Jahre später erneuter Überfall mit Plünderung durch Markgraf Albrecht IV. Schwere Brandschatzungen auch während des Dreißigjährigen Kriegs. 1803 wird Vilseck in die Oberpfalz eingegliedert und fällt an Bayern. 1875 Anschluss an die Bahnverbindung Nürnberg–Weiden. 2000 Eröffnung des ersten Türmermuseums in Deutschland.

Sehenswürdigkeiten:

Burg Dagestein. Vogelturm mit Erstem Deutschen Türmermuseum. Pfarrkirche St. Ägidius. Marktplatz mit Rathaus. Etliche schöne Ackerbürgerhäuser. Schlössl. Bürgerspital. Kunstpfad in der Vilsaue.

Dauer des Rundgangs:

Mit Burg und Museum, aber ohne Einkehr, rund zwei Std.

Anfahrt:

ÖPNV: Mit dem Zug von Nürnberg oder Weiden nach Vilseck.
Kfz: Auf der B 85, von Amberg oder Auerbach kommend, bis Mönlas, von dort über Sigras und Sigl nach Vilseck und parken am Bhf. Oder auf der B 299 bis Freihung und dann ebenfalls zum Parkplatz am Vilsecker Bhf.

Vilseck, ein typisches Oberpfälzer Städtchen, wartet mit einer geschichtsträchtigen Vergangenheit auf. Die Veste Dagestein, wahrscheinlich um das Jahr 1050 zum Schutz der Handelsstraße nach Eger errichtet, gilt als eine der ältesten Burgen in der Oberpfalz und imponiert auch heute noch mit ihrer kolossalen Größe. Der Burg verdankt die Stadt zudem ihren Namen. Denn etwa 200 Jahre nach der Burggründung, als die Stadtsiedlung begann, sprach man von einer Burg als »Eck«, und so bedeutet »Vilseck« nichts anderes als »Burg an der Vils«.

Die Bamberger Bischöfe, denen die Siedlung und das Umland gehörten, ließen zur Sicherung der Stadt Mauer und Wassergraben anlegen, außerdem am Nordrand der Stadt einen 13 Hektar großen Weiher, von dem heute allerdings nichts mehr zu sehen ist. Komplett erhalten dagegen blieb der 1466 erbaute, stattliche Vogelturm, der neben der Burg zum Wahrzeichen der Stadt geworden ist – und in dem das *Erste Deutsche Türmermuseum* eingerichtet wurde. Diesen zwei Highlights werden wir unsere besondere Aufmerksamkeit schenken.

Über die Vilsbrücke zum Obertor

Wir verlassen den **Bahnhof** nach links und biegen unmittelbar danach rechts auf den Fußweg zur Stadtmitte ein. In einem großen Bogen kommen wir zur Bahnhofstraße, auf der wir anschließend zügig Richtung Innenstadt weitergehen. Wir überqueren die **Vilsbrücke**, registrieren den linker Hand abzweigenden Weg zum Kunstpfad, den wir uns für später schon mal merken, und erreichen in wenigen Minuten die Altstadt.

Der Vogelturm ist ein Wahrzeichen der Stadt, davor eine Nepomukfigur.

Rechts liegt die Vorstadt mit dem erst im 16. Jahrhundert gebauten zweigeschossigen **Hafnertor**, links das **Obertor** mit dem Vogelturm, dem wir uns gleich zuwenden werden. Vor dem Tor übersehen wir nicht das kleine **Zollhaus**, das im Laufe des 17. Jahrhunderts entstanden ist – zu jener Zeit war Vilseck an die von Nürnberg nach Prag führende »Goldene Straße« angebunden, und somit war damals das Betreten der Stadt zollpflichtig.

Wie wir bald feststellen, sind alle historisch interessanten Gebäude in Vilseck mit Hinweisen zur jeweiligen Geschichte des Hauses versehen, sodass man sich auch ohne Stadtführung gut informiert fühlen kann. Zwischen Zollhaus und Obertor begrüßt uns die Figur des Brückenheiligen Nepomuk. Vom Wassergraben, der einst rund um die Stadtmauer angelegt worden war, ist freilich nichts mehr vorhanden.

Jetzt widmen wir uns aber dem prächtigen **Vogelturm** eingehender! Der in die mittelalterliche Stadtmauer eingebaute, rund 20 Meter hohe Turm ist mustergültig saniert worden und beherbergt seit dem Jahr 2000 auf drei Stockwerken das bereits erwähnte *Erste Deutsche Türmermuseum*, in dem so ziemlich alles, was dereinst mit dem Beruf, mit dem »Handwerk« des Türmers zu tun hatte, fachkundig aufbereitet ist. Ein Besuch sollte unbedingt wahrgenommen werden; wir setzen unseren Rundgang jetzt aber erst einmal fort und werden das *Türmermuseum* dann später während der offiziellen Öffnungszeit »heimsuchen« (erst ab 14 Uhr!).

Marktplatz und Herrengasse

Hinter dem Obertor beginnt der **Marktplatz**, der ungewöhnlich breit angelegt ist, denn früher stand hier mittendrin das **Rathaus**. Die Häuser sind eng miteinander verbunden und allesamt aus Stein – wegen der häufigen Stadtbrände war der Bau von Holzhäusern schließlich verboten worden. Viele der **Ackerbürgerhäuser** mit großen Einfahrten entstanden vor Mitte des 18. Jahrhunderts. Ackerbürger waren die in der Stadt lebenden Bauern, deren Haupterwerb die Landwirtschaft war.

Besonders gut gefällt uns – gegenüber vom Rathaus – das **Wünnenberghaus**. In dem mit Fassadenstuck verzierten Gebäude, Baujahr 1598, nächtigte 1632 Schwedenkönig Gustav Adolf, und hier hat auch Lola Montez, die skandalumwitterte Mätresse von König Ludwig I., eine Zeit lang gewohnt, nachdem sie 1848 aus

München vertrieben worden war. Es soll zwischen ihr und dem im Wünnenberghaus geborenen Stadttürmersohn Elias Peißner zu einer Liaison gekommen sein. Peißner, ein Revolutionär, wanderte in die USA aus und verlor sein Leben im amerikanischen Bürgerkrieg. Ein Beleg für die vorübergehende Anwesenheit von Lola Montez in Vilseck soll das mondäne Reisekleid im *Türmermuseum* sein, das wir später zu Gesicht bekommen werden.

Am Ende des Marktplatzes steht der einladende **Gasthof Zum Hirschen**, davor ein Brunnen sowie jede Menge Informationen zur Stadtgeschichte und zu Ausflügen in die umliegende idyllische Hügel- und Weiherlandschaft. Wir schauen uns anschließend ein wenig in der **Herrengasse** um und machen erneut Bekanntschaft mit schönen Ackerbürgerhäusern, so mit Haus Nr. 2, dem **Bäcker-Michl-Haus**, dessen schwungvolle Fensterumrahmungen wir nicht übersehen. Nicht übel ist auch das ehemalige **Pflegschloss**, bis 1803 Amtssitz des Bamberger Verwalters. Das Haus gegenüber hat rechts am Türeingang einen Torspion und außerdem in der Fassadenmitte eine farbige Nepomuk-Figur. Das 1375 errichtete **Vilstor** am Ende der Herrengasse diente später als Pulverturm und Apotheke und firmiert nunmehr zusammen mit dem Pflegschloss als Turmhotel.

Auf der Klostergasse zu St. Ägidius

Wir machen kehrt und biegen vom *Gasthof Zum Hirschen* in die Breite Gasse ein. Gleich links ist das behäbige **Färberhaus** – ebenfalls mit einem Torspion. Gegenüber, vor dem Haus Nr. 2, sind zur Erinnerung an die hier von den Nazis verschleppten jüdischen Mitbürger vier **Stolpersteine** angebracht.

Die Breite Gasse schwenkt nach rechts in die Klostergasse ein, davor links ist der ehemalige »Gasthof Houder« mit einer auffallend schönen Türumrahmung. Die **Klostergasse** bringt uns schließlich zur Stadtpfarrkirche St. Ägidius. Auf dem Weg dorthin fällt uns zweierlei auf: zunächst Haus Nr. 9; in den Neubau ist das **Pfarramt** eingezogen, doch bis zur Säkularisation im Jahr 1803 stand hier ein Kapuzinerkloster, wobei die mittelalterliche Stadtmauer als Rückwand gedient hat. Das darauffolgende Gebäude ist ebenfalls mit der alten Stadtmauer verbunden. An dieser Stelle befand sich Vilsecks ältestes Stadttor, das **Schwarze Tor**, und es ist spannend zu sehen, wie geschickt die Reste der Stadtmauer für den Hausbau genutzt wurden.

Bevor wir **St. Ägidius** betreten, umgehen wir die Kirche und werfen einen Blick auf den dahinterliegenden **Friedhof**. Die alte Stadtmauer ist hier gut erhalten; sie ist durch eine zweite Ringmauer ergänzt worden, um den Angriff der Hussiten besser abwehren zu können. Mit dem 54 Meter hohen Turm übertrifft die Pfarrkirche den Vogelturm um mehr als das Doppelte. Die Anfänge von St. Ägidius liegen im 11. Jahrhundert, belegt durch den romanischen Unterbau mit winzigen Rundbogenfenstern. Der gotische **Chorraum** mit Kreuzrippengewölbe entstand zwischen 1407 und 1412, und die prachtvolle barocke Ausstattung kam im 18. Jahrhunderts dazu. Der **Hochaltar** zeigt den als Einsiedler lebenden Kirchenpatron Ägidius, flankiert von Bischof Otto und drei anderen Heiligen. Am eindrucksvollsten ist sicherlich der im hinteren Kirchenschiff hängende **Flügelaltar** mit sechs Schnitzreliefs, die das Leben Marias darstellen, gefertigt nach Holzschnitten von Albrecht Dürer.

Highlight Burg Dagestein

Wir verlassen St. Ägidius und schlendern die Kirchgasse hinunter. Linker Hand hat sich einer der runden **Bastionstürme** erhalten, der aber leider von der Kirchgasse aus nicht zu sehen ist, wohl aber von der Grabenstraße außerhalb der Altstadt – alle 50 Meter soll die Stadtmauer dereinst von solchen Türmen umgeben gewesen sein.

Sobald wir den **Marktplatz** erreicht haben, ist jetzt unser nächstes Ziel Burg Dagestein. Wir überqueren also den Marktplatz und biegen rechts neben dem bereits bekannten *Gasthof Zum Hirschen* in die Straße »Froschau« ein. Eine sehenswerte **Pieta** überrascht uns, bevor wir rechts das 1475 gestiftete Bürgerspital erreichen und links den **Bärnhof**, eine ehemalige »Burghut«, die Unterkunft von Bediensteten zur Bewachung und Verteidigung der Burg. Im Bärnhof soll 1699 Fürstbischof von Schönborn, zu jener Zeit mächtiger Kurfürst und Erzbischof von Mainz, gewohnt haben. Unmittelbar danach erinnern Betonpfeiler daran, dass dort bis 1905 eines der vier ursprünglichen Stadttore stand, das **Untertor**. Von da sind es dann nur ein paar Schritte zum **»Schlössl«** in der Axtheid-Straße, einem schmucken Gut mit Treppenturm und achteckigem Obergeschoss, das früher ebenfalls von einem »Burghüter« bewohnt wurde.

Typisch für Vilseck sind Heiligenfiguren in den Fassadennischen.

Der Bergfried der Burg hat uns schon eine Weile begleitet. Wir laufen ein kurzes Stück die Straße Richtung Weiden und biegen dann links in den Altmühlweg ein, rechter Hand der **Altmühlbach**, linker Hand die gewaltigen Außenmauern der Burg, die wir umgehen, um kurz darauf durch die Toreinfahrt den geräumigen **Burghof** zu betreten.

Höhepunkt von Dagestein ist eindeutig der romanische **Bergfried**, der allerdings nur zu bestimmten Zeiten für Besichtigungen offensteht. Die unteren Geschosse entstanden um 1200. In den oberen Räumlichkeiten sind Wandmalereien aus dem 14. Jahrhundert erhalten geblieben. Von der **Aussichtskanzel**, die 2001 im Zuge der letzten großen Sanierung hinzukam, hat man einen grandiosen Ausblick auf Stadt und Umland. Sehr eindrucksvoll ist zudem der sanierte **Zehentkasten**, in dem von März bis September regelmäßig Kunstausstellungen stattfinden und der auch für private Feierlichkeiten genutzt werden kann. Die Zeiten, da Teile der Burg als Getreidespeicher und Gefängnis dienten, sind passé, mehr und mehr entwickelt sich Dagestein neuerdings zu einem regionalen Kulturzentrum.

Highlight Nr. 2 Türmermuseum

Die Schlossgasse bringt uns anschließend wieder zum Marktplatz, wo wir entweder in das *Café Schaller* oder in eines der Wirtshäuser einkehren werden. Außerdem steht ja noch die Besichtigung des **Türmermuseums** auf dem Programm, und die darf auf keinen Fall versäumt werden. Auf den 120 Quadratmetern des dreigeschossigen Vogelturms können wir nachvollziehen, wie der Türmer oder Nachtwächter mit seiner Familie und mit oft zwei bis drei Angestellten in winzig kleinen Räumen gehaust hat. Gekocht wurde in verrußten »Rauchkuchln«, Wasser musste mühsam nach oben geschleppt werden, Toiletten gab es nicht.

Über 20 Exponate sind im Museum zu bestaunen, so zum Beispiel die rote Warnflagge oder die Signallampe, die bei Bränden ausgehängt werden musste, oder das drei Jahrhunderte alte Türmerhorn und die ebenso alte Türmertrompete, mit denen der Türmer nicht nur Gefahren anzukündigen hatte, sondern auch zu Hochzeiten, bei Kirchweihen und Beerdigungen aufspielte. Einmalig dürfte das bereits erwähnte kostbare **Reisekleid** sein, das angeblich Lola Montez nach ihrer Affäre mit Elias Peißner in Vilseck zurückgelassen haben soll.

Naturparadies an der Vils

Auf dem Rückweg zum Bahnhof wählen wir einen kleinen Umweg, um noch den – erst vor Kurzem angelegten – **Kunstpfad** in der Vilsaue kennenzulernen. Wir gehen deshalb nochmals die Herrengasse entlang, passieren den Durchgang am ehemaligen Vilstor und machen auch schon gleich Bekanntschaft mit dem ersten der sechs aufgestellten Kunstobjekte. Es ist das Werk des kanadischen Künstlers Erwin Regler und heißt **»Courage«**.

Auf dem uns bereits bekannten **Altmühlweg** gehen wir nach rechts weiter, überqueren links die kleine Brücke über den Altmühlbach und sind in einer paradiesisch schönen Landschaft. Die Vils schlängelt sich hin und her, bildet Ausbuchtungen und kleine Seen, es blüht und grünt auf allen Seiten. Mit den **»Flussgeistern«** folgt ein zweites Kunstwerk, geschaffen von dem Kallmünzer Künstler Stefan Link. Wer nicht müde ist, geht mindestens bis zum neu gebauten Pavillon und genießt die herrliche Natur.

Die Flussgeister, ein Werk von Stefan Link aus Kallmünz

Schließlich machen wir kehrt, bleiben auf dem Fußweg an der Vils und erreichen die Bahnhofstraße, auf der wir gemächlich und ohne Schwierigkeiten zum Ausgangspunkt unseres Rundgangs zurückfinden.

Vilseck: ausgewählte Informationen und Highlights

Kultur und Tourismus Vilseck, Marktplatz 13, 92249 Vilseck
Tel. 0 96 62/99 16, www.vilseck.de

Erstes Deutsches Türmermuseum, Marktplatz 13
Tel. 0 96 62/70 18 11, www.tuermermuseum.de
Fr–So u. Fei 14.00–17.00 oder nach Vereinbarung

Burg Dagestein stets zugänglich,
der Bergfried nur Apr–Sep So 14.00–17.00 oder nach Vereinbarung
Auskünfte u. Buchungen unter Tel. 0 96 62/99 11, www.burg-dagestein.de

Hotel Angerer-Gasthof Zum Hirschen, Marktplatz 4
Tel. 0 96 62/70 90, www.angerer-turmhotel.de
Di–Fr ab 15.30, Sa u. So ab 11.00, Mo Ruhetag

Gasthof Hammer, Vorstadt 1
Tel. 0 96 62/4 12 10, https://gasthof.hammer.de
Di–So 17.00–23.00, Do u. So zusätzl. 10.00–13.30, Mo Ruhetag

Stadtbäckerei-Café Schaller, Marktplatz 17
Tel. 0 96 62/70 29 99
Mo–Sa 6.00–18.00, So 7.30–16.00

Oswald Ringer: Vilseck in alten Ansichten, 2. Aufl. 1999 Regensburg

Barbara Polaczek u. Johann Wax: Glockenschlag und Hörnerklang. Türmer in der Oberpfalz, Regensburg Jahr 2002

Verschiedene Stadtführungen, zu buchen über Touristikbüro (s. oben)

Jedes 2. Jahr Ritterlager im Mai, demnächst wieder 2017 (27./28. Mai)

Vilsecker Brunnenfest am 1. Aug-Wochenende

Am 30.12. um 17.00 Nachtwächtergang durch die Altstadt

7 Sulzbach-Rosenberg

Die Herzogstadt mit Charme

Ort:

Oberpfälzer Stadt im Landkreis Amberg-Sulzbach. Circa 19 600 Einwohner.

Geschichte:

Erste urkundliche Erwähnung 1024, Besiedlung bereits im 8. Jahrhundert nachgewiesen. Bis 1188 im Besitz der Grafen von Sulzbach, fällt dann an Grafen von Hirschberg-Grogling, 1305 an Wittelsbacher Herzöge. Unter Karl IV. von 1353–1373 Hauptstadt von Neuböhmen. Fällt im Zuge des Landshuter Erbfolgekriegs an pfälzische Wittelsbacher. 1656–1790 Hauptstadt des Fürstentums Pfalz-Sulzbach. Pfalzgraf Christian August führt 1652 »Simultaneum« ein, die Gleichstellung von Katholiken und Lutheranern, gewährt auch Juden weitgehende Glaubensfreiheit. Wird 1791 der bayerischen Provinz Obere Pfalz zugeschlagen. 1822 vernichtet ein Stadtbrand ein Drittel der Altstadt. 1853 Gründung des Stahlwerks Maxhütte in benachbarter Gemeinde Rosenberg, die 1934 mit Sulzbach fusioniert wird. 2002 endgültige Schließung der Maxhütte.

Sehenswürdigkeiten:

Schloss Sulzbach. Gotisches Rathaus. Stadtpfarrkirche St. Marien. Evangelische Christuskirche. Historische Druckerei Seidel. Synagoge. Literaturarchiv. Stadtmuseum. Erstes Bayerisches Schulmuseum. Franziskaruh. Das industriehistorische Denkmal Maxhütte. Wallfahrtskirche St. Anna.

Dauer des Rundgangs:

Mit Einkehr und Besuch eines Museums, aber ohne Annaberg und Maxhütte ca. 5 Std.

Anfahrt:

ÖPNV: Von Regensburg, Nürnberg oder Bayreuth mit dem Zug zum Bhf. in Sulzbach-Rosenberg.
Kfz: Auf der A 6 bis Ausfahrt 64 (»Sulzbach-Rosenberg«), anschließend auf der Bier- und Burgenstr. zum Parkplatz am Bhf.

Das »braune Gold der Oberpfalz«

Seinen Wohlstand im Mittelalter verdankte die Stadt zum erheblichen Teil den nahen Erzgruben, die teilweise bis 1977 in Betrieb waren. Eisenerz, das »braune Gold der Oberpfalz«, hatte der Region später den Ruf als »Ruhrgebiet des Mittelalters« eingebracht. Hinzu kam die günstige Verkehrslage Sulzbachs im Schnittpunkt von zwei wichtigen Handelswegen, der »Goldenen Straße« von Nürnberg nach Prag und der Verbindung Leipzig–Regensburg. Die Blütezeit der Stadt begann, als Kaiser Karl IV. Sulzbach zur Hauptstadt des neu gegründeten Territoriums Neuböhmen machte und mit wichtigen Privilegien ausstattete. So waren die Sulzbacher Händler von allen Zollabgaben in den Reichsstädten befreit, und den Bürgern der Stadt wurde die Förderung von Eisenerz in der Sulzbacher Region gestattet. Spuren aus jener Zeit sind auch heute noch unübersehbar.

Durch den Stadtpark zum Luitpoldplatz

Der Sulzbacher **Bahnhof** liegt etwas außerhalb, zur Innenstadt sind es aber nur rund 500 Meter. Wir gehen vom Bahnhofsgebäude gleich links auf dem Fußweg durch den **Stadtpark**, rechter Hand eine Bienenzuchtanlage und ein großer Weiher, vor uns die Konturen des gewaltigen Schlosses und der Turm der Stadtpfarrkirche. Sobald die Neumarkter Straße erreicht ist, halten wir uns rechts, überqueren den **Rosenbach** – das Flüsschen mündet hinter Rosenberg in die Vils – und passieren die Stelle, an der früher das am Ende des 19. Jahrhunderts abgebrochene Weihertor stand. Damit betreten wir die **Altstadt**.

Das historische Zentrum liegt etwa 28 Meter über dem Tal, entsprechend geht es nun zunächst leicht, dann steil bergauf, über den Kugelplatz zur **Bergstraße**. Wer möglichst viel von Sulzbach sehen will, nimmt einen kleinen Umweg in Kauf und biegt zuvor links in die Straße »Auf der Rahm« ab. Hier stößt man auf die **Fürstenquelle**, die, so die Legende, Graf Gebhard, der vermeintliche Stammvater der Grafschaft Sulzbach, auf einer Jagd entdeckt hatte und daraufhin beschloss, auf dem Felsen oberhalb der Quelle eine Burg zu bauen. Neben der Quelle sind Reste der alten Stadtmauer und einer der erhaltenen Türme zu sehen, der **Wipfelturm**.

Auf der Bergstraße biegen wir dann links in die Klostergasse ein und betrachten aufmerksam das prächtige Portal der

Ein Panorama der Sulzbacher Innenstadt mit der Marienkirche

Klosterkirche St. Hedwig. Oberhalb der Doppeltür befinden sich die kunstvollen Wappen von Pfalz-Sulzbach und Hessen-Rheinfels-Rothenburg. Weiter gehen wir auf der Bergstraße, die uns auf einem Rechtsbogen zum **Luitpoldplatz** bringt. Gleich links liegt das Sulzbacher Schloss, eine der größten Anlagen der Wittelsbacher in Nordbayern, und das wollen wir uns etwas eingehender anschauen.

Die Geschichte des Schlosses

Begonnen wurde mit dem Bau des **Schlosses** bereits im 9. und 10. Jahrhundert. Unter Karl IV. war die Anlage im Spätmittelalter in den Grundzügen schon so, wie wir sie derzeit vorfinden. Ab Ende des 16. Jahrhunderts residierten hier die Wittelsbacher. Pfalzgraf Ottheinrich II. ließ die zwei Schneckentürme errichten. Der alte Bergfried wurde später abgebrochen. Weitere bauliche Veränderungen veranlasste Pfalzgräfin Franziska Dorothea, die verwitwet in Sulzbach lebte. 1807 kaufte Kommerzienrat Johann Esaias von Seidel das Schloss und richtete hier seinen Druckereibetrieb ein. Vom bayerischen Staat zurückerworben, wurden die Gebäude von 1862 bis 1909 als Strafanstalt für weibliche Gefangene genutzt, danach als Kaserne für ein Infanterieregiment, ab 1920 als Männerstrafanstalt. Die häufigen Wechsel konnten der imposanten Bausubstanz zwar nichts anhaben, aber der Glanz der Wittelsbacher Ära ist natürlich verflogen.

Wir betreten die Anlage durch den Spitzbogen, vor dem einst eine Zugbrücke war. Der **Innenhof** besticht durch seine enorme Größe. Schön sind die zwei **Treppentürme** und anmutig der **Löwenbrunnen**, der 1701 auf Initiative von Pfalzgraf Christian August gebaut wurde. Genutzt werden die Räumlichkeiten des Schlosses derzeit vom Staatlichen Bauamt, untergebracht sind hier zudem die Stadtbibliothek sowie die Städtische Sing- und Musikschule. Wir gehen zu der Mauer vor, die das Schloss gen Süden abschließt, und haben von dort einen herrlichen Blick auf Stadtpark, Rosenbach und Reste der alten Stadtmauer mit dem Zipfelturm.

St. Marien, Rathaus und Christuskirche

Auf dem Luitpoldplatz, Sulzbachs Marktplatz, warten gleich zwei Höhepunkte auf uns. Als Erstes nehmen wir uns die **Stadtpfarrkirche St. Marien** vor. Wie schon kurz erwähnt, hatte Pfalzgraf Christian August 1652 verfügt, dass die Kirche von beiden Konfessionen, von Katholiken und Lutheranern, gleichberechtigt genutzt werden konnte. Das »Simultaneum« wurde erst 1957 aufgelöst, als die evangelische Gemeinde mit der Christuskirche ein eigenes Gotteshaus erhielt. St. Marien entstand in der heutigen Form im 14. und 15. Jahrhundert. An der südöstlichen Seite steht die Figur des böhmischen Schutzpatrons, des hl. Wenzel, deren Gesichtszüge denen von Karl IV. ähneln. Besonders beachtenswert im **dreischiffigen Innenraum** der Kirche sind die schönen Maßwerkfenster, die lang gestreckte Fürstenempore und der Hochaltar mit der Himmelfahrt Mariens, das letzte vollendete Werk von Hans Georg Asam, einem der Hauptvertreter des Spätbarock. Spätgotisch dagegen ist der zwölfeckige Taufstein und frühbarock die farbenfrohe Kanzel.

Die Hausfassaden auf dem **Luitpoldplatz** wirken eher unspektakulär. Interessant ist allerdings **Haus Nr. 4**, denn dorthin verlagerte Johann Esaias von Seidel seine Buchdruckerei, die er zuvor im Schloss untergebracht hatte. Verlegt wurde hier vorwiegend katholische und evangelische Literatur, europaweit berühmt waren vor allem die Bibeldrucke. Der Betrieb wurde zwar 1976 eingestellt, doch 2008 hat sich das neu gegründete »Forum für Kunst und Kultur« der historischen Druckerei angenommen und den alten Maschinenraum vorbildlich restauriert.

Nun aber zum Prunkstück des Luitpoldplatzes, zum Sulzbacher **Rathaus**, einem echten Hingucker. Der gotische Bau entstand in etwa in den Jahren 1456–1466. Das Untergeschoss war ursprünglich eine Einkaufshalle, im Obergeschoss hielt der Landesherr Gericht, in den Kellerräumen kam es zu »peinlichen Befragungen« und zu Einkerkerungen. Der prächtigste Teil des Rathauses ist zweifellos die **Frontseite** mit Stufengiebel und schlanken Ziertürmchen. Oberhalb des Portals befindet sich ein schmucker Erker, darüber eine Rosette, umrahmt von zwei Stadtwappen und dem pfälzisch-bayerischen Wappen. Es lohnt sich, ein Weilchen stehen zu bleiben und diese herrliche Fassade in Ruhe zu betrachten.

Links vom Rathaus, in der sogenannten »Neustadt«, sind die Umrisse der schon erwähnten Mitte der 1950er-Jahre erbauten evangelischen **Christuskirche** zu erkennen. Wirklich sehenswert ist dort die Altarwand in Form eines gewaltigen **Marmormosaiks**, mit einem beeindruckenden Kruzifix davor. Ginge man die Neustadt weiter, käme man zum *Stadtmuseum* – vielleicht hat der eine oder andere nach Beendigung des Rundgangs Zeit und Lust, sich dieses außerordentlich interessante Museum anzuschauen.

Auf dem Weg zurück zum Rathaus passieren wir zwei historisch bemerkenswerte Wirtshäuser. Rechts die **Weinstube Centro**, das ehemalige Gasthaus »Zur Goldenen Krone«, in dem Karl IV. einzukehren pflegte, wenn er in Sulzbach weilte, und gegenüber, im früheren **Gasthof Roter Krebs** hatte 1414 Jan Hus genächtigt, als er in Sulzbach auf seiner verhängnisvollen Reise zum Konzil in Konstanz Station machte.

Sulzbachs Flaniermeile

Unser nächstes Ziel ist nunmehr die **Rosenberger Straße** mit einer Vielzahl interessanter Gebäude. Gleich rechts zweigt die Synagogenstraße ab, und wir entschließen uns zu einem kurzen Abstecher zur dortigen **Synagoge**. Das Gebäude ist in der Reichspogromnacht im November 1938 unbeschädigt geblieben, weil Anfang des 20. Jahrhunderts kaum noch Angehörige des mosaischen Glaubens in Sulzbach lebten, weshalb die Stadt das Haus erwarb und als Museum nutzte. In den letzten Jahren ist das

Gebäude nach einer grundlegenden Renovierung zu einer Erinnerungs- und Begegnungsstätte geworden, mit ausführlichen Exponaten zu Geschichte und Kultur der Sulzbacher Juden.

Zurück auf der Rosenberger Straße, sehen wir linker Hand ein imposantes dreigeschossiges Neurenaissancehaus, das **ehemalige Amtsgericht**, in dem seit 1976 auf Initiative des Sulzbacher Schriftstellers Walter Höllerer ein **Literaturarchiv** mit

Die prächtige Fassade des spätgotischen Rathauses

Dokumenten zur Nachkriegs- und Gegenwartsliteratur besteht, mit Tausenden von Briefen und Beiträgen berühmter deutscher Autoren – gerade auch für Liebhaber zeitgenössischer Poesie ein wahres Paradies. Es folgen etliche gut erhaltene gotische Bürgerhäuser, rechter Hand das **Weißbeckhaus** mit Stufengiebel und Kastenerker, linker Hand Haus Nr. 15 mit ebenso schönem Erker auf roter Fassade. Auf keinen Fall übersehen sollte man den **Brauereigasthof Sperber-Bräu**, denn später hier einzukehren wäre mit Sicherheit ein kulinarischer Volltreffer.

Die imposante Stadtbefestigung

Sobald der mächtige **Stadtturm** erreicht ist, biegen wir links in die Lange Gasse ein und schlendern an der alten **Stadtmauer** entlang, die teilweise dem Hausbau weichen musste. An der Neutorgasse gehen wir rechts weiter, das Neutor war wie alle vier ehemaligen Stadttore in den 1870er-Jahren abgebrochen worden. Wir befinden uns jetzt außerhalb der historischen Altstadt. Die Stadtbefestigung mit Mauerwerk und Graben war im Norden und Osten besonders wuchtig ausgebaut worden. 1729 wurde hier von Pfalzgraf Theodor Eustach eine Baumallee angelegt; auf der gehen wir nun nach links weiter und staunen nicht schlecht, wie gewaltig und gut erhalten die Befestigungsanlage mit Türmen und Wehrgang hier ist. Schließlich erreichen wir die Stelle, wo einst das **Hagtor** stand und bis 1931 im Pflasterzollhäuschen Pflasterzoll erhoben wurde. Nach ein paar Metern, vorbei an der Brauerei *Fuchsbeck*, sind wir wieder auf dem Luitpoldplatz.

Ein Museumsbesuch gefällig?

Jetzt irgendwo Rast zu machen wäre sicherlich eine gute Idee. Aber vielleicht könnte man zuvor noch eines der zwei Museen aufsuchen. Literaturfreaks werden sich für das Literaturarchiv entscheiden; wer sich mehr für Geschichte und Kunst interessiert, macht sich auf den Weg zum **Stadtmuseum** in der **Neustadt**. Dokumentiert wird dort Material zu verschiedenen Werkstätten wie Schmiede, Buchbinderei, Druckerei, Gerberei und Wagnerei; zudem, wie Arbeiter und Bürgerliche früher lebten, wie die Konfessionen zur Zeit des Simultaneums miteinander »auskamen« und wie wichtig der Bergbau für die Geschichte der Stadt

Ein Einblick in das Stadtmuseum

war. Besonders eindrucksvoll ist der nachgebaute Bergwerkstollen mit Hunt und Bergmann.

Außerdem gibt es in der Straße einige sehr schöne Hausfassaden, und an der Ecke zur Neutorgasse erinnert eine lebensgroße Figur an den Dichter und Mystiker **Christian Knorr von Rosenroth**, der von 1668 bis 1689 in Sulzbach lebte. Knorr von Rosenroth stand mit den berühmtesten Gelehrten seiner Zeit wie Leibniz und Henry More in Verbindung und hat eine Fülle von wissenschaftlichen Schriften verfasst. Eine nach ihm benannte und 1990 gegründete Gesellschaft pflegt das Erbe des bedeutenden Universalgelehrten.

Schulmuseum und Annaberg

Nach einer zünftigen Stärkung, möglicherweise in einem der Sulzbacher Brauereigasthöfe, könnte vor Antritt der Rückreise noch ein kleiner Ausflug in die nähere Umgebung von Sulzbach attraktiv sein. Zum Beispiel zum **Ersten Bayerischen Schulmuseum** in Rosenberg mit vollständig eingerichteten Klassenzimmern aus den Jahren 1875, 1920 und 1960, das am Beginn der 1980er-Jahre entstand. In unmittelbarer Nachbarschaft des Museums liegt das von der Pfalzgräfin Franziska Dorothea erbaute, idyllisch gelegene **Schlösschen Franziskaruh**, und gleich daneben das 1929 entstandene Ehrenmal, errichtet auf dem Stumpf der Burgruine Rosenberg. Von hier hat man einen einzigartigen Blick auf die Industrieruine der **Maxhütte**. Schnell erreichbar ist das *Schulmuseum* mit der Buslinie 421 (Einstieg Rosenberger Straße, Ausstieg Haltestelle Henneberg).

Eine dem Kalorienabbau zudem äußerst förderliche Alternative wäre ein Spaziergang zur **Wallfahrtskirche St. Anna**. Der etwa halbstündige Aufstieg auf dem Annabergweg mit Kreuzwegstationen ist zwar kräftezehrend, belohnt den Besucher aber reichlich mit einem fantastischen Blick auf die Stadt und das Umland. Unterhalb der Kirche befindet sich eine **Loretokapelle**, errichtet auf Initiative der pfälzischen Prinzessin Elisabeth Auguste, der Frau des späteren bayerischen Kurfürsten Karl Theodor. Man muss kein Wallfahrtspilger sein, um Aufstieg und Aussicht mit Freuden genießen zu können!

Sulzbach-Rosenberg: ausgewählte Informationen und Highlights

Tourist-Information, Luitpoldplatz 25, 92237 Sulzbach-Rosenberg
Tel. 0 96 61/51 01 10, www.sulzbach-rosenberg.de

Literaturarchiv, Rosenberger Str. 9
Tel. 0 96 61/8 15 95 90, www.literaturarchiv.de
Di–Fr 9.00–17.00 (außer Fei), So 14.00–17.00

Stadtmuseum, Neustadt 14–16
Tel. 0 96 61/8 77 68 00, www.sulzbach-rosenberg.de/museum
Mi–Fr 9.00–12.00 u. 13.30–16.30, Sa, So u. Fei 13.30–16.30

Erstes Bayerisches Schulmuseum, Schloßbergweg 10a
Tel. 0 96 61/75 33, www.schulmuseum.org
Mo–Mi 9.00–16.00, Do 9.00–15.00, So 14.00–16.30
Fei u. während der bayer. Schulferien geschl.

Synagoge Sulzbach, Synagogenstr. 9
Tel. 0 96 61/8 77 68 21 (Stadtarchiv), www.synagoge-sulzbach.de
Mi u. So 14.00–17.00

Hotel Restaurant Bayerischer Hof, Luitpoldplatz 15
Tel. 0 96 61/5 17 00, www.bayerischerhof-su-ro.de
Mo–Sa 11.00–23.00, So u. Fei 10.00–22.00

Brauereigasthof Sperber-Bräu, Rosenberger Str. 14
Tel. 0 96 61/8 70 90, www.sperber-braeu.de
Tägl. 9.00–24.00

Elisabeth Vogl: Sulzbach-Rosenberg, Regensburg 2006

Stadt Sulzbach-Rosenberg (Hg.): Eisenerz und Morgenglanz. Geschichte der Stadt Sulzbach-Rosenberg, 2 Bd. Amberg 1999

Stadtführungen jeden 1. u. 3. Sa im Monat von Mai–Okt, 10.45 am Löwenbrunnen
Altstadtfest am letzten Juni-Wochenende
Annabergfest Ende Juli
Knorr-von-Rosenroth-Festspiele im Innenhof des Sulzbacher Schlosses alle 5 Jahre in der 2. Juli-Hälfte

8 Nabburg

Historische Altstadt mit mittelalterlichem Flair

Ort:

Stadt im Landkreis Schwandorf. Ca. 6 000 Einwohner.

Geschichte:

Erste urkundliche Erwähnung 929 als »Napurch«. Frühe Blütezeit unter den Diepoldingern. Als dieses Adelsgeschlecht ausstirbt, fällt der Ort 1146 an die Grafen von Sulzbach und kurz darauf an die Wittelsbacher. 1271 Stadtrecht. Nach dem Tod von Herzog Rudolf geht Nabburg an Kaiser Ludwig den Bayern. 1437 Verstärkung der Stadtmauer. Nabburg entwickelt sich zu einer wohlhabenden mittelalterlichen Stadt mit zahlreichen Privilegien. Im Zuge der Reformation müssen die Bürger fünf Mal die Konfession wechseln. Infolge des Dreißigjährigen und später des Siebenjährigen Kriegs verliert Nabburg an Bedeutung. Kurz vor Ende des Zweiten Weltkriegs wird die Nabburger Vorstadt »Venedig« durch einen Luftangriff der Alliierten teilweise zerstört. Durch die Flüchtlingsströme aus dem Osten nach 1945 steigt die Einwohnerzahl beträchtlich, und Nabburg entwickelt sich zu einer blühenden Kleinstadt.

Sehenswürdigkeiten:

Gut erhaltene Stadtmauer mit zwei Stadttoren und zwei Türmen. Altes Rathaus. Bürgerspital. Pflegschloss. Stadtpfarrkirche St. Johannes der Täufer. Laurentiuskirche. Friedhofskirche St. Georg. Stadtmuseum Zehentstadel. Museum im Schmidt-Haus. Fleischtörl und Zwingerrundweg. Nikolauskirche im Stadtteil Venedig. St. Peter und Paul in Perschen.

Dauer des Rundgangs:

Ohne Einkehr und ohne Museumsbesuch rund 2 Std.

Anfahrt:

ÖPNV: Mit dem Zug über Weiden oder über Amberg nach Nabburg.
Kfz: Auf der A 6 oder auf der A 93 bis Ausfahrt »Nabburg«, jeweils von dort zum Parkplatz am Nabburger Bhf. oder zu Parkplätzen in der Bahnhofstr.

Die historische Altstadt von Nabburg liegt auf einem nach drei Seiten hin steil abfallenden Bergsporn. Von der einstigen Burg, deren Existenz bereits für das Jahr 929 nachgewiesen wurde und von der die Stadt ihren Namen ableitet, ist leider nichts mehr zu sehen, wohl aber von der trutzigen Mauer, die die Altstadt komplett umschließt. Auch etliche mittelalterliche Bauwerke sind erhalten geblieben, ergänzt von neuzeitlichen Häusern mit schmucken Fassaden. Den Besucher erwarten viele Überraschungen.

Über die Friedhofskirche zum Mähntor

Wir verlassen das Bahnhofsgebäude und biegen in die **Bahnhofstraße** ein. Gleich rechter Hand das *Gasthaus Sauerer*. Es geht leicht bergauf, und nach gut fünf Minuten stoßen wir auf die Regensburger Straße, in die wir nach rechts einschwenken. Nach weiteren fünf Minuten erreichen wir den Nabburger Friedhof mit dem **Kirchlein St. Georg**, einem von vier Gotteshäusern in der Stadt. Schnell geht's die Treppen hinauf. Auf dem Pyramidendach des romanischen Turms von St. Georg ist ein seit ewigen Zeiten genutztes **Storchennest** zu sehen, ein Wahrzeichen der Stadt. Die Inneneinrichtung der Kirche überrascht mit ansehnlichen Objekten aus der Barock- und Rokokozeit. Der **Hochaltar** zeigt den von Engeln getragenen heiligen Georg, zu seinen Füßen liegt der getötete Drache. Schön sind auch die schmiedeeisernen Kreuze auf den **Friedhofsgräbern**. Von der Bruchsteinmauer aus haben wir einen prima Blick auf die Stadt.

Die Regensburger Straße mündet in die Bachgasse, und kurz darauf stehen wir vor dem imposanten rechteckigen **Mähntor.** Die größere rechte Durchfahrt entstand erst Anfang des 20. Jahrhunderts als Zugeständnis an den Autoverkehr. Die kleinere Passage mit dem spitzbogigen Durchlass entstand 1552. An der Innendecke des linken Bogens sind die Reste eines Barockgemäldes zu erkennen, und in der kleinen Nische rechts befindet sich eine Christusfigur.

Grandioser Oberer Markt

Hinter dem Tor beginnt die malerische **Altstadt**. Auf dem Unteren Markt rechts imponiert das ehemalige **Rentamt**, jetzt Sitz

Die Friedhofkirche mit dem Storchennest auf der Spitze

der Polizei, und auf dem **Oberen Markt** erwartet uns eine Vielzahl bildschöner Häuser.

Am augenfälligsten ist sicherlich das mit kunstvollem Kratzputz verzierte **Schmidt-Haus** auf der rechten Seite, in dem der Kunstmaler, Architekt und Grafiker Karl Schmidt-Wolfratshausen etliche Jahre bis zu seinem Tod 1971 gelebt und gearbeitet hat. Das **Fassaden-Sgrafitto** ist sein Werk, und ebenso stammen von ihm eine große Anzahl von farbigen Linolschnitten, herrlichen Mosaiken und wunderbaren Bildern, die alle in dem Haus zu sehen sind, das der Künstler kurz vor seinem Tod der Stadt überlassen hat und das inzwischen als Museum eingerichtet worden ist. Da das Haus nur sonntags geöffnet hat – bei Sonderausstellungen allerdings auch freitags und samstags – wäre es sinnvoll, den Ausflug nach Nabburg auf diese Öffnungszeiten abzustimmen.

Wir gehen weiter Richtung Kirchturm. Rechter Hand, neben dem *Schmidt-Haus*, folgen mit den Außenseiten von **Gasthof Stern** und **Töpferei Koch** ebenfalls sehenswerte Fassaden, und gegenüber ist der **Schwarze Adler** nicht minder spektakulär. Hinter dem *Gasthof Stern* ist ein Biergarten mit freiem Blick auf die Naab und den Stadtteil Venedig.

Beherrscht wird der Obere Markt allerdings vom **Alten Rathaus**, einem großartigen Renaissancebau, dessen Anfänge in das 15. Jahrhundert zurückreichen und der mit Turm, Portal, Treppe und Loggia ein echter Hingucker ist.

Neueren Datums ist dagegen der **Castillon-Brunnen** auf der gegenüberliegenden Seite aus dem Jahr 2002, Repräsentant der Städtepartnerschaft mit Castillon-la-Bataille in Frankreich. Die zwei Wasserläufe des Brunnens symbolisieren die Flüsse Naab und Dordogne.

Bis zur Stadtpfarrkirche St. Johannes ist es vom Brunnen aus nur noch ein Katzensprung. Zu bestaunen gibt es linker Hand zuvor erst noch das herrliche **Mehltretterhaus**, daneben das **Orgelbauerhaus**, das **Ludwig-Adl-Haus** sowie unmittelbar vor der Kirche das von einem Quittenbaum umrankte, farbenfroh rote Haus. Wer mehr über die spannenden Geschichten der Häuser erfahren möchte, wirft rasch einen Blick auf die jeweiligen Hinweise an den Hausfassaden.

Danach betreten wir **St. Johannes**. Die gotische Kirche war Mitte des 14. Jahrhunderts vollendet worden. Einer der ursprünglichen zwei Türme wurde 1536 durch Blitzschlag vernichtet, nur der Rumpf an der Nordseite blieb bestehen. Die dreischiffige Säulenbasilika überrascht mit einer Vielzahl farbiger **Glasfenster** – vor allem im Chor. Den neugotischen **Hochaltar** mit Szenen aus dem Leben Johannes des Täufers schuf ein Nabburger Bildhauer. Von der alten Innenausstattung ist nur die um 1470 entstandene **Madonna auf der Mondsichel** erhalten geblieben. Es gibt viel zu sehen – am besten wäre es, auf einer der Kirchenbänke Platz zu nehmen und alles in Ruhe zu betrachten.

Am Obertor

Der Obere Markt mündet in die Straße »Obertor«. Gleich links erreichen wir das altehrwürdige **Bürgerspital**, das im Mittelalter der Ruhesitz älterer Bürger war, die ihren Besitz an die Stadt übergeben hatten. Unmittelbar neben dem Bürgerspital liegt der **Zehentstadel** – in den ehemaligen Getreidespeicher ist vor einigen Jahren das *Stadtmuseum* eingezogen. Zu sehen ist dort eine attraktive Dauerausstellung zur Geschichte Nabburgs, und in der Naturkundeabteilung wird den vielfältigen Beziehungen zwischen Mensch und Tier nachgegangen. Etwas sehr Spezielles und wohl Einmaliges sind die Informationen über die Bedeutung der Ameise. Wer Zeit hat, sollte die Ausstellung nicht versäumen!

In Richtung Obertor kommen wir zu der kleinen spätgotischen **Laurentiuskirche**, der ursprünglichen Schlosskapelle, die nach der Säkularisierung eine Zeit lang als Lagerhalle genutzt wurde. Seit 1911 finden in dem Kirchlein wieder evangelische Gottesdienste statt. Bis 1649 hatten sich Nabburgs Bürger zum lutherischen Glauben bekannt, vier Jahre später war es dann zur Gegenreformation gekommen.

Das Mähntor mit den zwei Durchfahrten

Die herrliche Fassade des Schmidt-Museums

Das schmucke Haus rechts vor dem Obertor, die ehemalige Fronveste, war einst Sitz des Rechtspflegers, dem die Gerichtsbarkeit in der Stadt oblag. Nunmehr hat sich hier das **Tourismuszentrum** niedergelassen, das zuständig ist für die Vermittlung von Unterkünften und Ausflugszielen im gesamten Oberpfälzer Wald sowie in den angrenzenden Regionen. Ausführlichere Informationen zur Stadt Nabburg sind hingegen im Rathaus erhältlich.

Nun wollen wir uns das malerische **Obertor** etwas genauer anschauen. Wie bei seinem Pendant, dem Mähntor, wird der Verkehr über zwei Durchfahrten geregelt. Zu dem zweigeschossigen achteckigen Turm führt eine Freitreppe, von der man einen schönen Ausblick gen Westen sowie auf die Altstadt hat. Also nichts wie hinauf und die Aussicht genießen!

Vom Pflegschloss nach Venedig

Wir gehen anschließend auf der Obertor-Straße zur Laurentiuskirche zurück und biegen danach links in den weiträumigen Hof des **Pflegschlosses** ein. Hier befand sich die einstige »Nab-Burg«, von der man nicht mehr weiß, wie sie tatsächlich beschaffen war.

Das derzeitige Pflegschloss, ein eindrucksvoller dreigeschossiger Renaissancebau, entstand im 16. Jahrhundert. Die Amtsräume, in denen ursprünglich der Wittelsbacher Landpfleger wohnte, beherbergen jetzt das Vermessungsamt.

Wir umgehen das Pflegschloss und folgen dem Hinweisschild **»Zwingerrundweg«**, der uns zwischen der großen und kleinen Stadtmauer bis zum Unteren Markt bringen wird. Zunächst treffen wir auf den **Pulverturm**, der wie die Friedhofskirche St. Georg von einem – allerdings nicht mehr genutzten – Storchennest gekrönt ist. Sobald wir an der Ostseite der Altstadt angekommen sind, bietet sich uns ein fantastischer Ausblick auf die gut 50 Meter unter uns dahinfließende Naab, auf den Stadtteil Venedig und die dahinterliegende Landschaft.

Am **Fleischtörl**, einem Fußgängertor, führt die Sackgasse zum Oberen Markt. Wir bleiben auf dem Zwingerrundweg und erreichen nach ein paar Minuten den **Dechantturm**, den zweiten erhaltenen Turm der Stadtbefestigung. Kurz vor dem Turm geht es auf Steinstufen steil bergab, die sich anschließend teilen, rechts zum Unteren Markt und links nach Venedig führen. Wir entscheiden uns für die zweite Variante und kommen auf der Georgenstraße zur **Naab-Brücke**, die wir überqueren, und sind damit in **Venedig**.

Nabburgs älteste Kirche

Wie die ehemalige Vorstadt zu ihrem Namen kam, ist unter Heimatforschern nach wie vor umstritten. Dass Beziehungen zu der berühmten italienischen Handelsstadt bestanden, konnte bisher nicht nachgewiesen werden. Vielleicht leitet sich der Name von den Wenden (lateinisch »Venetern«) ab, die hier einst angesiedelt waren. Wie dem auch sei … wir interessieren uns in erster Linie für die **Nikolauskirche** in der Perschener Straße, in die wir links (nach Überquerung der Naab-Brücke) abbiegen.

Das Kirchlein, eine der wenigen romanischen Hallenkirchen Bayerns, stammt aus dem frühen 12. Jahrhundert. Es war wie St. Laurentius 1806 im Zuge der Säkularisation verkauft und als Scheune benutzt worden. 1910 hat der bayerische Staat St. Nikolaus erworben. Ende der 1960er-Jahre wurde daraufhin die Kirche als Kriegergedächtnisstätte genutzt und 1970 gesegnet. Die ursprünglichen zwei Türme waren schon 1806 nicht mehr vorhanden. Der trutzige Bau mit den winzigen Fenstern und starken Mauern gilt unter Kunsthistorikern als ein Juwel, aber

Nabburg an der Naab – schlichtweg idyllisch gelegen

auch für Laien ist interessant zu sehen, wie schlicht und karg vor 1 000 Jahren die ersten christlichen Kirchen ausgestattet waren.

Über die Naab zurück in die Altstadt

Wir gehen anschließend bis zu dem Steg weiter, entweder auf der Perschener Straße oder an der Uferseite der Naab, überqueren den Steg und steigen mit der Rotstrich-Markierung den steilen Fußweg **»Am Fleischberg«** hinauf. Deutlich wird: Von dieser Seite war die Stadt schier uneinnehmbar. Eigentlich kann man kaum begreifen, wie es unseren Vorfahren im Mittelalter möglich war, derartig fantastische Befestigungsanlagen zu bauen.

Am Fleischtörl bringt uns die Sackwebergasse zum **Oberen Markt**, und wir können nun in aller Ruhe überlegen, wo wir einkehren wollen und welches der zwei Museen besichtigt werden soll.

Auf dem Rückweg zum Bahnhof gehen wir durch das Mähntor zur Regensburger Straße, werfen noch schnell einen Blick auf St. Georg und erreichen über die Bahnhofstraße den Ausgangspunkt unseres Rundgangs. Sollten wir den Zug verpasst haben, kann die Wartezeit im Biergarten des **Gasthauses Sauerer** auf das Angenehmste überbrückt werden.

Wer mit dem Auto nach Nabburg gekommen ist und es nicht eilig hat, könnte abschließend noch auf der Perschener Straße nach **Perschen** fahren und der dortigen **Filialkirche St. Peter und Paul** einen Besuch abstatten. Die dreischiffige romanische Pfeilerbasilika ist eine der ältesten Kirchen in der Oberpfalz. Besonders sehenswert ist die daneben stehende Kapelle mit einem unteren Raum, der in früheren Zeiten als Karner zur Aufbewahrung der Totengebeine genutzt wurde.

Nabburg: ausgewählte Informationen und Highlights

Verwaltungsgemeinschaft Nabburg (Tourist-Information)
Oberer Markt 16, 92507 Nabburg
Tel. 0 94 33/18 26

Stadtmuseum Zehentstadel, Obertor 3a
Tel. 0 94 33/20 46 39
Apr–Okt Di–So 14.00–17.00, Nov-März Fr–So 14.00–17.00

Museum im Schmidt-Haus, Oberer Markt 4
Tel. 0 94 33/20 46 39, www.schmidt-haus.com
So 14.00–17.00, bei Sonderausstellungen Fr–So 14.00–17.00

Gasthof Zum Stern, Oberer Markt 6
Tel. 0 94 33/96 28, www.gasthof-zum-stern-nab.de
Di–Sa 9.30–14.00 u. 17.00–24.00, So u. Fei 9.00–14.00 u. 17.00–24.00
Mo Ruhetag

Gasthaus Schwarzer Adler, Oberer Markt 5
Tel. 0 94 33/67 36, www.gasthofschwarzeradler.com
Mo–Do 11.30–14.00 u. ab 16.00, Fr ab 17.00
Sa 11.30–14.00 u. ab 17.00, So 11.00–14.00

Gasthaus Sauerer, Bahnhofstr. 17
Tel. 0 94 33/3 06
Do–Di 9.00–14.00 u. 17.30–24.00, Mi Ruhetag

Günter Moser u. a.: Nabburg. Stadt mit Tradition und Charme, Amberg 2010

Stadtführungen können jederzeit über das Touristikbüro (s. oben) gebucht werden.

Brünnl-Ritt mit über 60 Pferden am Ostermontag zur Wallfahrtskirche Brünnl.

Jährlicher Wechsel mit Tonart-Musikerfestival und mittelalterlichem Markt
jeweils am 3. Juli-Wochenende

9 Amberg

Die heimliche Hauptstadt der Oberpfalz

Ort:

Kreisfreie Stadt im Regierungsbezirk Oberpfalz. Rund 44 000 Einwohner.

Geschichte:

1034 erste urkundliche Erwähnung als »Ammenberg«. Bereits im 12. Jahrhundert ist der Ort ein bedeutender Handelsplatz. Mitte des 13. Jahrhunderts fällt Amberg an die Wittelsbacher, Herzog Ludwig II. verleiht das Stadtrecht. 1329 kommt die Stadt an die pfälzische Linie der Wittelsbacher und wird zum Zentrum und zur Hauptstadt der Oberen Pfalz. 1341 gründen Amberg, Sulzbach und Nürnberg die »Amberger Hammereinung«, der Handel mit Eisen, Erz und Salz bringt Reichtum. 1474 Feier der »Amberger Hochzeit«. Im Dreißigjährigen Krieg Niedergang des Handels. 1628 fällt Amberg an Kurbayern und wird katholisch. Im 18. Jahrhundert im Verlauf des Spanisch-Österreichischen Erbfolgekriegs schwere Einbußen durch Besetzungen. Zudem wird die Regierung 1810 nach Regensburg verlegt. Im Laufe des 19. Jahrhunderts beginnt die industrielle Wiederbelebung. Im Zweiten Weltkrieg bleibt die Stadt von größeren Schäden durch Bombenangriffe verschont.

Sehenswürdigkeiten:

Alte Ringmauer mit vier erhaltenen Toren. Marktplatz mit gotischem Rathaus und Ratstrinkstube. Alte Veste. Stadtbrille. Kurfürstliches Schloss, kurfürstliches Zeughaus und kurfürstliche Regierungskanzlei. Eh'häusl. Klösterl. Basilika St. Martin. Kirche St. Georg. Schulkirche St. Augustinus. Maltesergebäude. Stadttheater. Stadtmuseum und Luftmuseum. Mariahilfberg.

Dauer des Rundgangs:

Mit Einkehr und Besuch des Luftmuseums, aber ohne Aufstieg zum Mariahilfberg, 4–5 Std.

Anfahrt:

ÖPNV: Mit dem Zug von Regensburg, Nürnberg oder Bayreuth zum Amberger Bhf.

Kfz: Auf der A 6 (Nürnberg–Waidhaus) bis Ausfahrt 65 (»Amberg West«), Ausfahrt 66 (»Amberg Süd«) oder Ausfahrt 67 (»Amberg Ost«) und jeweils zügig zum Parkplatz am Bhf.

Ambergs Blütezeit

Im ausgehenden Mittelalter war die Oberpfalz aufgrund reicher Erzvorkommen im Großraum Amberg eines der bedeutendsten europäischen Eisenzentren, was die Amberger Kaufleute, nachdem sie von Kaiser Friedrich Barbarossa die gleichen Rechte wie die Nürnberger Kaufleute erhalten hatten, geschickt zu nutzen wussten. Eisen und Erz wurden zum wichtigsten Handelsgut, das kostengünstig auf der Vils befördert werden konnte. Das bescherte der Stadt beachtlichen Wohlstand. 1341 gründen Amberg und Sulzbach, 1387 Amberg, Sulzbach und Nürnberg die »Amberger Hammereinung«, eine Art frühes Wirtschaftskartell, das für lange Zeit hohe Einnahmen sicherte. Bereits im 13. Jahrhundert waren Rathaus und Münzstätte entstanden. Die reich gewordenen Bürger konnten eine imposante Kirche bauen, die Kurfürsten das Kurfürstliche Schloss. Legendär ist die »Amberger Hochzeit« des Pfalzgrafen Philipp mit Margarete, der Tochter des Landshuter Herzogs Ludwig des Reichen, im Jahr 1474. 400 Fürsten, Grafen, Ritter, Bischöfe und Repräsentanten der Städte mit ihrem Gefolge und Tausenden von Pferden feierten fast eine Woche lang. Belegt ist, dass unter anderem 1 045 Kälber, 11 100 Hühner, 400 Spansäue, 50 Ochsen und 50 Frischlinge verzehrt und 10 000 Liter Wein getrunken wurden. Damit kam man der sagenhaften »Landshuter Hochzeit«, die nur ein Jahr später stattfand, ziemlich nahe.

Obwohl diese glanzvollen Zeiten vorbei sind, gibt es auch heute noch viel Interessantes in Amberg zu erkunden. Und so ist es nicht verwunderlich, dass Amberg 2015 bei einer Abstimmung des Internetportals *HOTEL DE*, an der 39 Städte zur Auswahl standen, zur »l(i)ebenswertesten Klein- und Mittelstadt Deutschlands« gekürt wurde.

Der Marktplatz

Wir beginnen unsere Tour am Amberger Bahnhof und schlendern mit offenen Augen die **Bahnhofstraße** entlang. Imponierend sind bereits hier die ersten wuchtigen, langgestreckten Gebäude. Gleich rechts die von König Ludwig dem Bayern 1317 gestiftete **Spitalkirche**; gegenüber, erreichbar über den Hauseingang Nr. 10/12, die Fassade der **Alten Münze**. Die Bahnhofstraße mündet übergangslos in die Rathausstraße mit prächtigen Fassaden, am schönsten die der Häuser 2, 4 und 6. Hinter Nr. 4 findet sich das Bierhaus *Schloderer Bräu*.

Auf dem **Marktplatz**, der schon immer Mittelpunkt des städtischen Lebens war, halten wir kurz inne und bewundern das herrliche **Rathaus**. Der gotische Giebel, mit Spitzbogenblenden gegliedert, stammt aus dem 14. Jahrhundert, die gelben Arkaden darunter entstanden in der Renaissance-Zeit. Auf dem **Brunnen** links vor dem Rathaus steht das Brautpaar der Amberger Hochzeit, Markgraf Philipp und Margarete. Das mächtige Gebäude auf der gegenüberliegenden Seite des Platzes ist die ehemalige **»Ratstrinkstube«**, die jetzt als Geschäftshaus genutzt wird. Die vier Figuren an der Frontseite symbolisieren die Elemente Feuer, Wasser, Luft und Erde.

Dominiert wird der Marktplatz eindeutig von **St. Martin** mit dem 92 Meter hohen Turm, an dem fast ein volles Jahrhundert gebaut wurde. Der **Innenraum** dieser mächtigen gotischen Hallenkirche, der zweitgrößten in Nordbayern nach dem Regensburger Dom, wird durch 14 Strebepfeiler in drei Schiffe geteilt und ist eingerahmt von 19 kunstvollen **Seitenkapellen** mit vielen Grabplatten. Die ursprünglich katholische Kirche war mit Einführung der Reformation durch den Rat der Stadt evangelisch geworden, wurde danach calvinistisch, später wieder evange-

Der Eingangsbereich des Luftmuseums

lisch und schließlich erneut katholisch. Dem häufigen Wechsel sind viele Kunstgegenstände zum Opfer gefallen, calvinistische Eiferer hatten sogar die Fresken an den Wänden weggekratzt. Die in späteren Jahren erfolgte prunkvolle Ausgestaltung passt dennoch in die gotische Basilika, die einen Vergleich mit der Nürnberger Lorenzkirche nicht zu scheuen braucht. Wir lassen uns Zeit und bestaunen die schönen Altäre und farbenfrohen Kirchenfenster.

Von der Alten Veste zum Kurfürstlichen Zeughaus

Wir umgehen vom Marktplatz aus St. Martin, kommen zum Salzstadelplatz und überqueren die kleine Brücke, die uns zum **Eichenforstgäßchen** bringt. Hier erwartet uns gleich dreierlei. Das **Rußwurmhaus** wäre eine spätere Einkehr wert, nicht nur wegen des weltweit größten Kartoffelpuffers, des sieben Meter langen »Dotsch«, der hier hergestellt wurde, sondern vor allem wegen der exquisiten Küche. Gegenüber erhebt sich die **Alte Veste**, das ältere Pfalzgrafenschloss, in dem Pfalzgraf Ruprecht 1352 das Licht der Welt erblickte, der 46 Jahre später Kurfürst wurde und von 1400 bis 1410 röm.-dt. König war. Nur ein paar Schritte weiter, und wir stehen vor dem Klösterl, davor befindet sich die Statue von Kurfürst Friedrich V., der von Amberg aus zum böhmischen König gewählt wurde und als »Winterkönig« in die Geschichte einging.

Das **Klösterl**, ein historisch bemerkenswertes Gebäude aus dem 14. Jahrhundert, wurde 2006 Domizil des **Luftmuseums** – ein Besuch desselben kann nur wärmstens empfohlen werden. Luft wird hier erlebbar und begreifbar gemacht, mit wunderbaren Werken von Künstlern, Architekten und Designern. Museumsobjekte, die zeigen, wie man Luft sehen, fühlen und hören kann, sind zum Beispiel ein »fliegender Teppich«, ein »Luft-Globus,« eine »Einkaufstütenorgel« und eine »Druckluftuhr«. Wer hier nicht vorbeischaut, hat etwas Einmaliges versäumt. Nicht ohne Grund schmückt sich Amberg neuerdings mit dem Zusatz »Luftkunstort«.

Weiter geht's anschließend auf dem Gässchen »Hinter der Veste«, vor der Schiffbrückgasse überqueren wir die **Vils** ein zweites Mal. Auf der anderen Uferseite liegt die **Anlegestelle für**

Plättenfahrten auf dem Fluss. »Plätten« sind die zwölf Meter langen und gut zwei Meter breiten Kähne, auf denen einst Eisenerz und Salz befördert wurden. Jetzt kann sich Groß und Klein an den Wochenenden von Mai bis Ende Oktober zum Kurfürstenbad oder zum Piratenspielplatz hin- und zurückschippern lassen. Von hier haben wir auch einen tollen Blick auf die **Stadtbrille**, den doppelbögigen Durchlass der Vils, ein viel bestauntes Unikum Ambergs.

Wir befinden uns nun auf der Schiffgasse. Vor uns liegt das ehemalige **Kurfürstliche Zeughaus**, ein gewaltiges Gebäude, das bis Ende des 18. Jahrhunderts als Magazin zur Aufbewahrung militärischer Objekte diente und später als Salzlager Verwendung fand. Neuerdings ist dort ein Teil des Landratsamts eingezogen. Die links abzweigende Zeughausstraße führt zum Amberger **Stadtmuseum**. Wer die Geschichte der Stadt genauer kennenlernen möchte, wird dort umfassend informiert, zum Beispiel über die Epoche der Kurfürsten und das Alltagsleben der Amberger Bürger im 19. Jahrhundert. Ein separates Kabinett ist dem Werk des in Amberg geborenen und international bekannten Künstlers **Michael Mathias Prechtl** gewidmet, der zum Beispiel auch in Nürnberg seine Spuren hinterlassen hat.

Vom Kurfürstlichen Schloss zum Maltesergebäude

Nun wieder zurück zur Schiffbrücke und auf der Schiffbrückgasse zur Regierungsstraße. Linker Hand liegt das **Kurfürstliche Schloss**, ein riesiger Komplex, den Kurfürst Ludwig III. Anfang des 15. Jahrhunderts in Auftrag gab, nachdem die Alte Veste den Ansprüchen der Hofhaltung nicht mehr genügt hatte. Jetzt ist hier das Hauptgebäude des Landratsamts untergebracht. Vom **Schlosshof** hat man einen schönen Blick auf Stadtbrille und Zeughaus. Wir gehen auf der Regierungsstraße nach rechts weiter und erreichen die kurfürstliche **Regierungskanzlei**, einen prächtigen Renaissancebau, von dem aus die Kurfürsten das Land verwalteten. Die zwei Medaillons auf der Vorderseite des Erkers zeigen Kurfürst Friedrich II. und seine um rund 38 Jahre (!) jüngere Gemahlin Dorothea, eine dänische Königstochter. Unterhalb der zwei Konterfeis sehen wir die Wappen der Kurpfalz und des Königreichs Dänemark.

Nach ein paar Schritten biegen wir links, unmittelbar vor *Café Dobmeier,* in das enge Zuckerbäckergäßchen ein und kommen links über das Postgäßchen zum **Frauenplatz** mit der **Frauenkirche**. Der gotische Bau mit dem spitzen Turm wurde auf der Stelle errichtet, wo einst die Synagoge gestanden hatte – von 1390 auf 1391 waren die Juden aus der Stadt vertrieben worden. Während des calvinistischen Intermezzos in Amberg wurde die Kirche als Pferdestall missbraucht.

Nun gehen wir weiter die Badgasse hinunter, dann die Straße »Neustift«, und schon stehen wir vor dem 160 Meter langen **Maltesergebäude**. Mit dem Bau dieser außergewöhnlichen Anlage wurde 1628 begonnen, als die Stadt zu Bayern gekommen war und wieder katholisch werden sollte. Damit beauftragt wurde der von Maximilian I. nach Amberg berufene Orden der Jesuiten, die hier ihr Kolleg gründeten und die Gegenreformation geschickt in Gang setzten. Sie sorgten auch für die barocke Neugestaltung von **St. Georg**. – Diese Kirche wollen wir uns auf keinen Fall entgehen lassen. Wir durchschreiten das mittlere Portal des Maltesergebäudes und finden schnell den Kircheneingang. Die barocke Pracht, die sich hier geballt offenbart, wird nicht jedem uneingeschränkt gefallen. Gleichwohl sind Orgel, Kanzel, Hochaltar, die Seitenkapellen sowie Deckengemälde und Stuckreliefs außerordentlich beeindruckend und sollten in Muße wahrgenommen werden.

Eh'häusl und Schulkirche

Wieder auf dem **Malteserplatz** biegen wir rechts in die Seminargasse ein. Kurz nach Überquerung der Langen Gasse treffen wir in Hausnummer 8 ein weiteres Amberger Unikum, das **Eh'häusl**. Wer früher in Amberg heiraten wollte, musste den Besitz eines Hauses nachweisen. Da dieses winzige Häuschen billig zu erwerben war, konnte es auch von weniger betuchten Bürgern gekauft werden. Einer Sage nach erwarben mehrfach arme Schlucker das Anwesen, um es nach der Heirat schnell an andere Heiratswillige weiterzuveräußern mit der Folge, dass das Häuschen immer wieder den Besitzer wechselte und dadurch vielen Besitzlosen eine Heirat ermöglicht wurde. Heute gilt das *Eh'häusl* als »kleinstes Hotel der Welt«.

Über den Viehmarkt kommen wir rechts zum **Schrannenplatz**. An der Südseite sehen wir ein barockes Bürgerhaus mit stattlichem Portal, gegenüber das Amberger **Stadttheater**, eines der schönsten Schauspielhäuser in Deutschland. Das Gebäude war ursprünglich eine dem heiligen Bernhard geweihte Kirche mit angeschlossenem Franziskanerkloster und wurde 1803 im Zuge der Säkularisation zum Theater umgebaut.

Nur einen Steinwurf entfernt, in der abzweigenden Schulgasse, befindet sich ein weiterer Höhepunkt, die sogenannte **Schulkirche**, hervorgegangen aus einem Kloster der Salesianerinnen. In dem äußerlich wenig ansprechenden Bau erwartet den Besucher eine überwältigend schöne Rokoko-Ausstattung, ausgeführt nach Plänen von Wolfgang Dientzenhofer, dem auch die Gestaltung der Wallfahrtskirche auf dem Mariahilfberg übertragen worden war. Schwer vorstellbar, dass jemand von der filigranen Kunst in diesem kirchlichen Kleinod nicht angetan ist.

Über das Obere Apothekergässchen gelangen wir zur **Georgenstraße**, der Flanier- und Einkaufsmeile Ambergs. Prächtige Barock-, Renaissance- und Jugendstilhäuser geben reichlich Anlass, ab und an innezuhalten und die schön verzierten Fassaden mit Erkern und Chörlein zu bestaunen. Hier eine alte Haustür, dort in der Wandnische eine Heiligenfigur, dann ein herrschaftliches Portal – es sind immer wieder auch Kleinigkeiten, die den Reiz eines Bummels durch die Georgenstraße ausmachen. Nach

Die Orgel und das kunstvolle Gitter der Schulkirche

Überschreiten der **Kranbrücke**, auf der wir nach beiden Seiten freien Blick auf die gemächlich dahinfließende Vils haben, ist der Marktplatz erreicht, und es wäre jetzt wohl an der Zeit, nach einem Wirtshaus Ausschau zu halten. Das **Rußwurmhaus** wäre da, wie bereits erwähnt, bestimmt keine schlechte Entscheidung, und auch das **Schloderer Bräu** oder **Robert's Trattoria Bavaria** kämen wahrscheinlich in die engere Wahl.

Nabburger Tor und Stadtgraben

Wer nach der Einkehr dann die Rückfahrt antritt, hat zwar eine Menge von Amberg gesehen, aber noch nicht die gut erhaltene **Stadtmauer**, eine gigantische, drei Kilometer lange Befestigungsanlage, die vier Stadttore hat und dereinst 97 Türme hatte. Wir gehen also die Rathausstraße in Richtung Bahnhof und biegen rechts in die Untere Nabburger Straße ein, die uns über die Straße »Hinter der Mauer« zu dem stattlichen **Nabburger Tor** mit Rundbogen und zwei halbkreisförmigen Türmen bringt. Wir überschreiten die Brücke und gehen links in den **Graben** hinunter, der früher mit Vilswasser gefüllt war und die Eroberung der Stadt so gut wie unmöglich gemacht hatte. Die Stadtmauer, die auch heute noch stellenweise über zehn Meter hoch ist, und die zweite kleinere Wehrmauer, die vor dem Graben stand, taten ihr Übriges. Der Anblick des Mauerwerks muss so Respekt einflößend gewesen sein, dass im Mittelalter kein Angreifer je ernsthaft versuchte, die Stadt zu erobern. Erst 1703, im Zuge des Spanischen Erbfolgekriegs, gelang den kaiserlichen Truppen nach wochenlanger Belagerung der Einmarsch.

Wir gehen den Graben entlang, auch auf uns wirken Mauerwerk, Türme und Graben durchaus Respekt einflößend. Nach 500 Metern bringt uns der Fußweg zur Bahnhofstraße, und damit sollte der Rundgang auch sein Ende finden, es sei denn, einige Unermüdliche wollen partout noch den **Mariahilfberg** erklimmen, ein durchaus erstrebenswertes Ziel.

In diesem Fall rechts am Bahnhof vorbei und auf dem Kaiser-Ludwig-Ring weiter, bis links der Mariahilfbergweg abzweigt. Von da immer bergauf, mindestens 30 Minuten lang, zum Schluss über rund 100 Stufen. Oben angekommen hat man einen grandiosen Blick auf die Stadt. Ursprünglich stand dort eine Kapelle, die von gläubigen Ambergern in der Hoffnung errichtet worden war, einer grassierenden Pestepidemie Einhalt

Das mächtige Nabburger Tor

zu gebieten. Nach Überwindung der Seuche entwickelte sich die Kapelle zum vielbesuchten Wallfahrtsort. Als das Kirchlein abgebrannt war, entstand, wie bereits erwähnt, ab 1697 nach Plänen Wolfgang Dientzenhofers die jetzige **Kirche**, deren Stuckausstattung von den Italienern Giovanni Battista Carlone und dessen Schüler Paolo d'Aglio stammt. Höhepunkt der Innendekoration sind die herrlichen **Deckenfresken** von Cosmas Damian Asam. Auf dem Platz vor der Wallfahrtskirche findet das jährliche Bergfest statt. Für den Rückweg zum Bahnhof sind in etwa 20 Minuten einzukalkulieren.

Amberg: ausgewählte Informationen und Highlights

Tourist-Information, Hallplatz 2, 92224 Amberg
Tel. 0 96 21/1 02 39, www.amberg.de

Stadtmuseum Amberg, Zeughausstr. 18
Tel. 0 96 21/1 02 84, www.stadtmuseum-amberg.de
Di–Fr 11.00–16.00, Sa u. So 11.00–17.00

Luftmuseum Amberg, Eichenforstgässchen 12
Tel. 0 96 21/42 08 83, www.luftmuseum.de
Apr–Sep Di–Fr 14.00–18.00, Sa u. So 11.00–18.00 (Okt–März nur bis 17.00)

Rußwurmhaus, Eichenforstgäßchen 14,
Tel. 0 96 21/2 13 16, www.russwurmhaus-amberg.jimdo.com
Di–So ab 11.00, Mo Ruhetag

Robert's Trattoria Bavaria, Marktplatz 11
Tel. 0 96 21/9 11 08 46, www.cafe-roberts.de
Mo–Fr 7.30–18.00, Sa 7.30–16.30, So Ruhetag

Schloderer Bräu, Rathausstr. 4
Tel. 0 96 21/42 07 07, www.schlodererbraeu.de
Mo–Fr 9.30–24.00, Sa 8.00–1.00, So u. Fei 10.00–24.00

Casino Wirtshaus am Stadttheater, Schrannenplatz 8
Tel. 0 96 21/2 26 64, www.casino-wirtshaus.de
Di–So ab 10.00, Mo u. Sonntagnachmittag geschl. (im Sommer auch Sonntagabend)

Beate Wolters: Das Gelbe vom Ei. Ambergs Stadtverführung. Regensburg 2012

Töpfer- und Krügelmarkt um Georgi (23.04.) Ende Apr

Altstadtfest mit vielfältigen musikalischen Darbietungen im Juni

Jährliches Bergfest auf dem Mariahilfberg Ende Juni/Anfang Juli

Brunnenfest mit Festzug zur Stadtgeschichte seit 2001 alle 2 Jahre Anfang Aug

10 Schwandorf

»Gott mit dir, du Land der Bayern«

Ort:

Große Kreisstadt im gleichnamigen Landkreis. Rund 30 000 Einwohner.

Geschichte:

Erste urkundliche Erwähnung 1006 als »Suainicondorf«. 1234 Sitz eines Wittelsbacher Amtes. 1286 Sitz eines Dekans, der Ort wird Mittelpunkt des Bistums Regensburg. 1451 Stadtrecht durch Pfalzgraf Otto I. 1504 großer Stadtbrand, infolge des Landshuter Erbfolgekriegs wird die Stadt weitgehend verwüstet, nur fünf Häuser überstehen die Katastrophe. Von 1555 bis 1617 ist Schwandorf evangelisch-lutherisch. 1859 Anschluss an das Bahnnetz Nürnberg–Regensburg. Am 17. April 1945 durch Luftangriff der Royal Airforce wird die Stadt zu 70 Prozent zerstört, 495 Tote. Von 1920 bis 1972 kreisfrei, danach nur noch Große Kreisstadt.

Sehenswürdigkeiten:

Marktplatz mit Glockenspiel, Mönchsbrunnen und malerischen Altstadthäusern. Historischer Pfleghof. Spitalkirche und St.-Jakob-Kirche. Stettner- und Adolf-Kolping-Platz. Blasturm. Stadtmuseum. Felsenkeller-Labyrinth. Stadtpark auf einer Naabinsel mit alten Wasserrädern am Fluss. Stadtmauergasse. Oberpfälzer Künstlerhaus (Fronberg).

Dauer des Rundgangs:

Ohne Einkehr, ohne Museumsbesuch und ohne Felsenlabyrinth etwa 2 Std.

Anfahrt:

ÖPNV: Von Nürnberg, Weiden oder Regensburg mit dem Zug zum Schwandorfer Bahnhof.

Kfz: Auf der A 93 bis Ausfahrt 33 (»Schwandorf«), anschließend zum Parkplatz am Bhf. Oder auf der A 6 bis Ausfahrt 67 (»Amberg Süd«), danach auf der B 85 ebenfalls zum Schwandorfer Bhf.

Im Zuge der Industrialisierung hat die Naab, bis dahin die Lebensader der Stadt, zunehmend an Bedeutung verloren. Dafür wurde Schwandorf zu einem wichtigen Verkehrsknotenpunkt mit den Bahnlinien Nürnberg–Prag und Regensburg–Berlin. Die verkehrsgünstige Lage – hier kreuzen sich auch die Bundesstraßen 15 und 85 – führte zu einem gewaltigen Aufschwung von Wirtschaft und Handel. Heute ist die Stadt kommunaler Mittelpunkt des Landkreises Schwandorf und mit Sehenswürdigkeiten wie dem *Blasturm-Museum* und den historischen Felsenkellern eine Besucherattraktion vom Feinsten.

Vom Marktplatz zum Pfleghof

Wir verlassen das Bahnhofsgebäude nach rechts und biegen in die **Bahnhofstraße** ein. Gleich linker Hand sehen wir die Ende des 19. Jahrhunderts errichtete evangelische **Erlöserkirche**. Sie war im April 1945, wie der Großteil der Altstadt, völlig zerstört worden, der Neubau konnte erst 2010 abgeschlossen werden.

Wir überqueren anschließend den Schlesierplatz und bleiben weiter auf der Bahnhofstraße. An Haus Nr. 15 führt links ein schmaler Durchgang in die Stadtmauergasse, der wir uns später zuwenden werden, vorerst gehen wir die Bahnhofstraße weiter bis zur Friedrich-Ebert-Straße. Dort halten wir uns links und erreichen in wenigen Minuten den **Marktplatz**.

Das »Herz der Altstadt« ist umringt von herrlichen Häusern, zumeist mit farbenfrohen Spitz- und Stufengiebeln. Eine der wenigen Ausnahmen ist der **Gasthof zur Post** auf der rechten Seite. Das Haus mit dem auffälligen Schneckengiebel, das den großen Brand von 1504 überstanden hat, ist eines der ältesten Gebäude der Stadt. Der Maler Caspar David Friedrich übernachtete dort anlässlich seines Aufenthalts in Schwandorf, und auch Goethe soll 1786 auf seiner Reise nach Italien in der *Post* abgestiegen sein.

Wer die Schönheit dieses Platzes wirklich wahrnehmen will, genehmigt sich auf einer der Bänke eine kleine Pause und lässt die Augen rundum gehen. Nicht zu übersehen ist das **Glockenspiel**, auf dem täglich um 10 und 17 Uhr die von Konrad Max Kunz komponierte Bayernhymne *Gott mit dir, du Land der Bayern* erklingt. Näheres über den berühmten Sohn der Stadt werden wir später im *Blasturm-Museum* erfahren. Belebend sind auch die vielen Bäume. Nicht so schön ist dagegen, dass der Verkehr über den Platz läuft und viele Autos hier parken. Ab dem Mönchsbrunnen ist der Marktplatz dann allerdings verkehrsberuhigt.

Vom **Mönchsbrunnen** zur St.-Jakob-Kirche hin verengt sich der Marktplatz. Bei schönem Wetter sitzt man hier im Freien, vor einem der zahlreichen Cafés und Wirtshäuser. Wir widerstehen tapfer der Versuchung, sofort einzukehren, und werfen stattdessen einen Blick in die um 1400 errichtete spätgotische

Pfarrkirche, die im Laufe der Jahrhunderte mehrfach erweitert und umgebaut wurde. Die Innenausstattung der Kirche ist neugotisch, so auch der Flügelaltar, der die Berufung und Hinrichtung des Kirchenpatrons St. Jakobus zeigt. Auf den geöffneten Flügeln sind sechs Apostel zu sehen, auf dem linken Seitenaltar die heilige Elisabeth.

Von hier erklingt zweimal täglich die Bayernhymne.

Die gut beleuchteten Räume des Felsenlabyrinthes

Unser nächstes Ziel ist jetzt der historische **Pfleghof** unmittelbar neben St. Jakob. Das Gebäude war ursprünglich Sitz des Beamten, der die Interessen des Landesherrn in Schwandorf zu vertreten hatte. Später, nach dem Verkauf an die Stadt, wurde der Pfleghof zunächst als Schule und dann als Rathaus genutzt. Nach aufwendigen Restaurierungen und der Erweiterung durch einen modernen Glasanbau ist das Gebäude nunmehr Sitz der Volkshochschule. Hier befindet sich auch das **Tourismusbüro**, und wer das *Blasturm-Museum* und die historischen Felsenkeller kennenlernen möchte, kann vor Ort eine Führung buchen. Besser wäre es jedoch, bereits vor Reiseantritt einen Termin zu vereinbaren, denn dann kann man die Führung zeitlich auf den Rundgang abstimmen.

Blasturm-Museum und Felsenkeller-Labyrinth

Der **Blasturm** ist der einzige erhaltene Stadtmauerturm Schwandorfs, von dem aus die Stadtbewohner durch den dort wohnenden Türmer mittels der Blasturmglocke gewarnt werden konnten, wenn Gefahr drohte oder ein Feuer ausgebrochen war. In diesem Gebäude erblickte **Konrad Max Kunz** 1812 als Sohn eines

Türmers das Licht der Welt. Er wurde später als Komponist der Bayernhymne ein berühmter Mann. Seit 2006 ist der Blasturm als **Museum** eingerichtet – mit vier Stockwerken, in denen unter anderem Leben und Aufgaben eines Türmers anschaulich dargestellt sind. Ein Extraraum ist dem berühmten Sohn der Stadt gewidmet, der 25 Jahre lang als Chordirigent der *Königlichen Staatsoper* in München tätig war.

Zu einem einzigartigen Erlebnis wird auf jeden Fall ein Gang durch das **Felsenkeller-Labyrinth** in Schwandorfs »Unterwelt«. Die ersten Felsenkeller sind um 1500 nachgewiesen. Jeder Bier brauende Bürger wollte seinen eigenen Keller haben, und so entstanden – für 1812 sind zum Beispiel 80 Kommunbrauer nachgewiesen – insgesamt über 130 Kellerräume, von denen 60 zum größten Kellerlabyrinth in Bayern verbunden sind. Mit dem allmählichen Niedergang des Kommunbrauwesens im Laufe des 20. Jahrhunderts verloren die Keller zwar an Bedeutung, sie blieben aber erhalten und retteten unzähligen Schwandorfern das Leben, als die Stadt 1945 ein Bombeninferno erlebte. Die Begehung des Labyrinths ist sicherlich für viele Besucher der Höhepunkt des Stadtrundgangs und sollte unbedingt unternommen werden!

Von der Spitalkirche zum Stadtpark

Wir setzen unseren Rundgang fort. In dem **Spitalgarten** unterhalb des Pfleghofs liegt das neue **Rathaus**, ein modernes, sehr ansehnliches Gebäude, umgeben von viel Grün. Unmittelbar neben dem Rathaus steht die kleine **Spitalkirche**, die ursprünglich zu dem im 15. Jahrhundert gegründeten Bürgerspital gehörte, das teilweise im neuen Rathaus aufgegangen ist. 2001 wurde das Kirchlein restauriert; es wird seitdem laufend, oft zwei bis drei Mal wöchentlich, für profane Veranstaltungen, Klavierkonzerte, Lesungen und Vorträge genutzt.

Wir umgehen die Spitalkirche und kommen zur **Naab**. In dem gemächlich dahinfließenden Gewässer spiegelt sich die Fassade der **Schuierer Mühle**, davor kleine begrünte Inseln – ein herrlicher Anblick.

Weiter dann geradeaus, vorbei an der **Naabbrücke** – und die Naabuferstraße bringt uns zu zwei gewaltigen Wasserrädern, Relikten aus einer Zeit, in der die an der Naab betriebenen **Mühlen** eine wichtige Lebensgrundlage bildeten. Schnell geht's über die malerische Holzbrücke, und wir betreten den auf einer großen Naabinsel angelegten **Stadtpark** mit Spielplätzen, Ruhezonen und einem lauschigen Biergarten. Beim Umhergehen auf der Insel sehen wir, dass der Fluss sich in drei Arme aufteilt. Deshalb ist der Wasserstand so niedrig, dass hier schon immer eine bequeme Furt durch den Fluss möglich war. Das erklärt auch, warum gerade an dieser Stelle die Besiedlung Schwandorfs begann.

Vom Stettner- zum Adolf-Kolping-Platz

Nach dem Genuss eines erfrischenden Biers geht's auf der überdachten Holzbrücke zurück zu dem gegenüberliegenden **Stettnerplatz**. Das große Eckhaus links, das **Stettnerhaus**, ruht auf den Fundamenten der ehemaligen Stettner-Mühle, deren Mahlbetrieb 1969 ein Ende fand und die später zu einem Wohnhaus umgebaut wurde. Inzwischen ist hier die **Falkenauer Heimatstube** heimisch geworden, die allerdings nur am ersten Donnerstag im Monat besichtigt werden kann. Zu sehen sind in dem Museum Erinnerungsobjekte aus der einst vorwiegend von Deutschen bewohnten Ortschaft Falkenau (tschechisch Solokov) im Bäderdreieck Marienbad, Karlsbad und Franzensbad.

So gewaltig waren einst die Mühlräder an der Naab.

Wir schlüpfen durch die enge Passage am Stettnerplatz und erreichen so auf der Rathausstraße das **Stadtmuseum Schwandorf**. Wer weder eine Führung zum Blasturm noch zu den Felsenkellern mitmachen konnte oder wollte, dürfte einem Besuch dieses Museums nicht abgeneigt sein. Im Mittelpunkt steht hier naturgemäß die Stadt- und Vereinsgeschichte, aber auch Handwerk, Volksfrömmigkeit sowie das Wohnen und Leben in früheren Zeiten sind ausführlich und anschaulich dokumentiert. In einem der Räume werden, ergänzend zu der *Falkenauer Heimatstube* im Stettnerhaus, viele Exponate gezeigt, die die enge Verbindung Schwandorfs zu der tschechischen Partnerstadt Sokolov belegen.

Die Rathausstraße stößt auf die **Breite Straße**, und da gibt es zwei verlockende Wirtshäuser, die *Hufschmiede* und die *Färberhaus-Stub'n*. Gut möglich, dass wir nach Beendigung des Rundgangs hier einkehren. Zunächst aber schlendern wir auf der Breiten Straße nach rechts, biegen links in die Erdmannsdorfer Straße ein und schauen uns auf dem **Adolf-Kolping-Platz** um. Der Begründer des internationalen Bildungswerks ist in einem anspruchsvollen Denkmal verewigt. Das **Reiterdenkmal** gegenüber zeigt einen Reiter, der einen Stiefel hochhält, offensichtlich eine Anspielung auf das Stadtwappen, in dem der bayerische Löwe in einem Stiefel steckt; das Schuhwerk ist zu verstehen als Symbol der städtischen Abgaben an den Vogt.

Von der alten Stadtmauer zum Blasturm

Wie das Amen in der Kirche, so gehörte zu jeder Stadt eine **Stadtmauer**. Aber wo ist die Schwandorfer Stadtmauer?

Wir gehen die Erdmanndorfer Straße ein paar Schritte zurück, biegen rechts in die enge **Stadtmauergasse** ein und finden dort tatsächlich Reste des alten Mauerwerks, das über einen Kilometer lang und über zehn Meter hoch gewesen sein soll. Wie in vielen anderen Städten wurde die Stadtmauer auch in Schwandorf, da sie bei fortschreitender Waffentechnik keinen ausreichenden Schutz mehr bot, im Laufe des 18. Jahrhunderts abgetragen oder als Rückwand für Neubauten verwendet. Da in dieser Gasse nicht viel Platz für neue Häuser war, entstanden nur sehr kleine Anwesen, zum Beispiel ist **Haus Nr. 4** das kleinste Haus Schwandorfs mit einer Grundfläche von nur 20 Quadratmetern. (Trotzdem lebten in den ursprünglich zwei Stockwerken zwei Familien mit Kindern!)

Die Figur des Reiters mit Schuh ist auch Teil des Schwandorfer Stadtwappens.

Wir gehen auf der Stadtmauergasse, die immer enger wird, zügig weiter bis zur Bahnhofstraße. Wer jetzt einkehren möchte, entscheidet sich für ein renommiertes Wirtshaus am Marktplatz oder in der Breiten Straße. Wer keine Führung für das **Blasturm-Museum** gebucht hat, macht sich jetzt vielleicht allein auf den Weg dorthin, indem er auf der Bahnhofstraße nach rechts zum Schlesierplatz zurückgeht und dort in die Schwaigerstraße einbiegt. Nach Überquerung der Friedrichstraße geht's dann geradeaus die Weinbergstraße hinauf, und nach circa zehn Minuten steht man vor dem Turm. Ohne Führung ist der Eintritt leider nicht möglich, man hat aber von hier oben einen wunderbaren Blick auf die Stadt. Von der **Turmspitze**, knapp unterhalb des Glockenturms, muss die Aussicht noch viel eindrucksvoller sein. Unwillkürlich fragt man sich, wie ein Bub, in der Enge dieser Behausung aufgewachsen, ein so erfolgreicher Komponist werden konnte ... Die Erklärung liegt auf der Hand. Türmer hatten in der Regel auch musikalische Verpflichtungen. Vater Kunz hatte seinen Sohn bereits als Kind zum Aufspielen in Wirtshäusern und auf Feste mitgenommen und mitspielen lassen, sodass sich das Talent des Sohnes frühzeitig entwickeln konnte. Die Bayernhymne komponierte Kunz in seinem 48. Lebensjahr. Bis zu seiner Pensionierung 1870 blieb er Chordirigent der *Königlichen Staatsoper* in München und leitete auch weiterhin die Münchner »Bürger-Sängerzunft«.

Zum Abschluss des Rundgangs gehen wir die Blasturmgasse hinunter, biegen links in die Spitzwegstraße und danach rechts in die Karl-Kunz-Gasse ein. Und sobald der **Marktplatz** erreicht ist, steht einer geruhsamen Einkehr nunmehr wirklich nichts mehr im Wege. Nicht nur für Jungvermählte und Frischverliebte könnte es danach verlockend sein, den eineinhalb Kilometer langen **»Liebesweg«** auszuprobieren. Er beginnt an der Fronberger Straße und führt neben der Naab flussaufwärts in den Ortsteil **Fronberg**, und hier wäre in dem **Oberpfälzer Künstlerhaus** ein allerletzter Höhepunkt zu erleben. In der Gründerzeitvilla Kebbel, Fronberger Straße 31, finden regelmäßig Ausstellungen mit Werken von regionalen und überregionalen Künstlern statt – ein Besuch lohnt sich!

Schwandorf: ausgewählte Informationen und Highlights

Tourismusbüro, Kirchengasse 1, 92421 Schwandorf
Tel. 0 94 31/4 55 50, www.schwandorf.de

Blasturm-Museum, Blasturmgasse 4
Tel. 0 94 31/4 55 50
Mo–Fr 9.00–18.00, Sa 9.00–13.00
Besichtigung nur mit Führung!

Historische Felsenkeller Schwandorf, www.felsenkeller-labyrinth.de
Kontakt über Tourismusbüro (s. oben) oder
über Herrn Robold, Spitalgarten 1, Tel. 0 94 31/4 51 24

Stadtmuseum Schwandorf, Rathausstr. 1
Tel. 0 94 31/4 15 53
Mi, Fr u. So 14.00–17.00, Do 12.00–18.00

Gasthof Schmidtbräu, Marktplatz 7
Tel. 0 94 31/26 32
Di–So 11.00–14.00 u. 17.00–21.00, Mo Ruhetag

Färberhaus-Stub'n, Breite Str. 23
Tel. 0 94 31/99 96 50, www.faerberhaus-schwandorf.de
Di–Fr u. So 11.00–14.00 u. 17.30–23.00, Sa 17.30–23.00, Mo Ruhetag

Restaurant Hufschmiede, Breite Str. 25
Tel. 0 94 31/99 61 66
Mo–Sa 18.00–1.00, So Ruhetag

Alfred Wolfsteiner: Schwandorf. 1.000 Jahre Geschichte an der Naab, Schwandorf 2005

Konrad-Max-Kunz-Tage Apr/Mai

Alle 2 Jahre Bürgerfest an einem Juli-Wochenende, das nächste 2017

Stadtführungen für Individualisten von Mai–Okt jeweils am 1. So im Monat; Treffpunkt um 10.00 vor dem Tourismusbüro (s. oben). Außerdem können diverse Stadtführungen gebucht werden, z. B. schaurige Tatort-Rundgänge, ein Bummel zu den kulinarischen Höhepunkten der Stadt oder Detektivführungen für Kinder.

11 Furth im Wald

Die deutsche Drachenstadt

Ort:
Stadt im Landkreis Cham. Rund 9 000 Einwohner.

Geschichte:
Erste urkundliche Erwähnung 1085 als »Vurte«. Ab 1332 Stadtrecht. Schwere Zerstörungen während der Hussitenkriege in den 1430er-Jahren. 1470 wird Furth Grenzhauptstadt und damit eine der ältesten bayerischen Landwehrorganisationen. 1633 Verwüstung durch die Schweden, 70 Jahre später Plünderungen im Zuge des Spanischen Erbfolgekriegs. 1861 Anschluss an die Bahnlinie Nürnberg–Prag. Verheerender Stadtbrand 1863. Nach dem 2. Weltkrieg wird Furth zum Auffanglager für Hunderttausende von Heimatvertriebenen.

Sehenswürdigkeiten:
Altes Rathaus. Stadtplatz. Stadtpfarrkirche Mariä Himmelfahrt. Perlingervilla. Stadtturm mit Heimat- und Drachenmuseum. Zahlreiche Brunnen und Skulpturen. Leonhardi-Kapelle. Drachenhöhle. Zengarten. Felsengänge. Erlebniswelt Flederwisch.

Dauer des Rundgangs:
Mit Besichtigung des Stadtturms u. der Drachenhöhle, aber ohne Einkehr sowie ohne Besuch der Felsenkeller und der Erlebniswelt Flederwisch, etwa 3 Std. (für die Erlebniswelt allein ca. 1 Std.)

Anfahrt:
ÖPNV: Mit der Bahn von Nürnberg bzw. Regensburg über Schwandorf und Cham nach Furth.
Kfz: Von Nürnberg auf der A 6 bis Ausfahrt 67 (»Amberg Nord«), anschließend auf der B 85 bis Cham u. von dort auf der B 20 nach Furth. Parken am Bahnhof. Von Regensburg auf der B 16 bis Roding, anschließend auf der B 85 nach Schwandorf u. von dort auf der B 20 nach Furth.

Die vom Chamb durchflossene Further Senke liegt geografisch zwischen dem Bayerischen und dem Oberpfälzer Wald. Nur wenige Kilometer trennen die Stadt von der Grenze nach Tschechien, und so ist es nicht überraschend, dass Furth unter dem Ansturm der Hussiten besonders zu leiden hatte und zeitweise zu veröden drohte. Die mörderischen Hussitenkriege waren auch Anlass zur Aufführung des seit mittlerweile über 500 Jahren gespielten *Further Drachenstichs*, wobei der Drache zunächst – im Zuge der Gegenreformation – aus Sicht der katholischen Kirche die hussitischen und protestantischen Bewegungen symbolisierte. Später, in der Kaiserzeit, repräsentierte der Drache die Feinde, die das Reich bedrohten, und während des Kalten Kriegs stand der *Drachenstich* für die kommunistische Gefahr. Jetzt ist das populäre Volksstück vor allem spektakuläre Unterhaltung, reich an Aktionen, Bildern und Emotionen; es lockt im August Zehntausende von Besuchern an. Aber auch sonst sind Drachen das ganze Jahr über in Furth allgegenwärtig, wie wir auf unserem Rundgang schnell merken werden.

Durch das Burgtor ins Stadtzentrum

Nach Verlassen des **Bahnhofsgebäudes** halten wir uns links und biegen unmittelbar danach rechts in den **Postgartenweg** ein, der ein Stück lang von der Kalten Pastritz begleitet wird, die bald darauf in den Chamb mündet. Den einladenden *Gasthof Postgarten* merken wir uns vor.

Der herrliche Ausblick vom Stadtturm auf die Innenstadt

Wir haben nach wenigen Minuten die Ostseite der imposanten Stadtpfarrkirche Mariä Himmelfahrt erreicht. Hier könnten wir die steilen Stufen hinaufgehen, ziehen es erst aber einmal vor, durch das einzige erhaltene Stadttor, das im 14. Jahrhundert erbaute **Burgtor**, zu schlüpfen, und erreichen über die Burgstraße das Zentrum der Stadt.

Rechter Hand ist das repräsentative **Alte Rathaus**, linker Hand das *Rathaus Café*. Gegenüber, am Erker des **ehemaligen Amtsgerichts**, bewundern wir das aus 23 Glocken bestehende Glockenspiel, ein Geschenk des tschechischen *Heimatkreises Bischofteinitz*, mit dem sich Furth historisch aufs Engste verbunden fühlt. Ein **Torbogen**, gekrönt von einem Schimmel ohne Kopf, wohl ein Bezug auf eine alte Stadtsage, verbindet das Amtsgerichtsgebäude mit der schmucken Perlinger Villa.

Stadtturm und Mariä Himmelfahrt

Es könnte verlockend sein, nun erst einmal auf Furths Prachtstraße, dem **Stadtplatz**, entlangzuschlendern. Doch wer die Stadt noch nicht kennt, ist gut beraten, zunächst das *Drachenmuseum* im Stadtturm aufzusuchen. Wir gehen deshalb durch den schon erwähnten Torbogen in den **Schlossplatz**, so benannt, weil sich hier früher das Schloss des Stadtpflegers befand. In der Mitte des Platzes steht ein Brunnen, auf dem ein bronzener Nachtwächter ins Horn stößt.

Beherrscht wird der Schlossplatz von dem denkmalgeschützten, 35 Meter hohen **Stadtturm**, dem Wahrzeichen von Furth. An gleicher Stelle stand einst der mittelalterliche Bergfried, der dem großen Stadtbrand von 1863 zum Opfer gefallen war.

Der Stadtturm beherbergt seit 1981 das **Heimatmuseum**, zu dem auch das erste deutsche **Drachenmuseum** im Erdgeschoss gehört. Dort wird in vielen Bildern, mit Fotos und Plastiken den Sagen und Mythen nachgegangen, die um das Phänomen Drache kreisen. Außerdem ist hier natürlich die lange Geschichte des Further Drachenstichs dargestellt. Das Obergeschoss informiert unter anderem über das Schicksal der Vertriebenen, die nach Ende des Zweiten Weltkriegs in großer Zahl aus dem ehemaligen Kreis Bischofteinitz in Furth aufgenommen wurden. Im Dachgeschoss erfährt man, wie das bäuerliche und bürgerliche Leben in Furth früher aussah und welche Bedeutung die Glasherstellung einst hatte. Zum Höhepunkt der Besichtigung kann

Begeisterte Zuschauer beim ältesten Volksschauspiel Deutschlands

abschließend die **Besteigung des Stadtturms** werden, von dem sich ein herrlicher Blick über die Dächer von Furth auf die Anhöhen des Bayerischen Waldes bietet. Der Aufstieg zur Aussichtsplattform ist allerdings etwas beschwerlich und setzt eine passable Kondition voraus.

Wir verlassen danach den Schlossplatz und gehen über die Burgstraße zur **Stadtpfarrkirche Mariä Himmelfahrt**. Der 45 Meter hohe Kirchturm ist das zweite Wahrzeichen Furths. Das barocke Gebäude entstand in der ersten Hälfte des 18. Jahrhunderts. Der lichtdurchflutete **Innenraum** wird beherrscht von dem spätbarocken Hochaltar, flankiert von den zwei Heiligen Florian und Sebastian. Schön sind auch die Orgel und die Nazarenermalerei an der Decke mit Szenen aus dem Leben Marias.

Auf dem Stadtplatz

Nunmehr wollen wir uns einen ausgiebigen Bummel über Furths Einkaufs- und Flaniermeile gönnen. Bei schönem Wetter sitzt man hier vergnügt im Freien und genießt das entspannende Ambiente. Im August wird der **Stadtplatz** gut zwei Wochen lang zur Freilichtbühne für Deutschlands ältestes Volksschauspiel, den bereits erwähnten **Further Drachenstich**. Beiderseits der Straße verfolgen dann Tausende von Zuschauern das spannende Spektakel.

Im Süden des Platzes, zwischen Perlinger Villa und dem *Rathaus-Café*, erwartet den Besucher eine **Statue des heiligen Nepomuk**, am anderen Ende des Platzes überrascht uns ein moderner **Drachenbrunnen**. Nachdem wir uns alles in Ruhe angeschaut haben, verlassen wir den Stadtplatz, biegen nach rechts in die Herrenstraße ein und gehen auf der **Rosenstraße** weiter. Auf dem Dach des Hauses Nr. 18 entdecken wir ein Weißstorchenpaar, kurz danach rechter Hand einen an einer Fahnenstange hochkletternden Drachen, und ein paar Schritte weiter einen **kleinen Drachenbrunnen**. Durch eine Lücke in der gegenüberliegenden Häuserfront bietet sich eine grandiose Aussicht auf den »Hohen Bogen«, einen 1073 Meter hohen Berg im Bayerischen Wald. Es folgen linker Hand das ehemalige **Knabenschulhaus**, in dem 1968 bis 1994 eine französische Garnison untergebracht war, und anschließend der Pfarrhof mit Marienbrunnen.

Über die Leonhardi-Kapelle zur Drachenhöhle und zum Zengarten

Die Rosenstraße mündet in die Pfarrstraße, in die wir nach links einschwenken. Am **Bayplatz** stoßen wir auf einen **Brunnen** mit der Inschrift »Vurte«, ein Hinweis auf das Dorf gleichen Namens, das bereits vor über 900 Jahren urkundlich nachgewiesen ist und zum Ausgangspunkt der Stadt wurde.

Weiter geht es dann auf der Eschlkamer Straße. Kurz darauf links die Statue des heiligen Leonhards, des Schutzpatrons nicht nur der Gefangenen, sondern auch des Viehs – deswegen im Volksmund auch »Bauernherrgott« genannt. Hinter der Statue liegt die **Leonhardi-Kapelle**, von der aus am Ostermontag alljährlich der »Leonhardiritt« mit einigen Hundert Pferden stattfindet. Ursprung dieser Reiterprozession war ein im 18. Jahrhundert abgelegtes Gelübde, als nach kriegerischen Einfällen eine verheerende Viehseuche um sich griff.

Wir überqueren danach den **Chamb**, biegen hinter dem Parkplatz rechts ab und erreichen die **Drachenhöhle**. Hauptattraktion hier ist natürlich der neueste Drache, ein Feuer speiendes, über fünfzehn Meter langes und viereinhalb Meter hohes Monster, das mit einem Gewicht von elf Tonnen und einer Flügelspannweite von zwölf Metern Eingang in das *Guinessbuch der Rekorde* gefunden hat. Erläutert wird hier auch, wie sich das Untier auf vier Beinen fortbewegen kann, gesteuert von einem Computer, der einen Roboter in Gang setzt. Technik pur also – und für Jung und Alt ein echter Hingucker.

Unser nächstes Ziel ist der **Zengarten**. Wir gehen rechts an der Drachenstichfesthalle vorbei, überqueren erneut den Chamb und steuern auf das Tagungszentrum zu, hinter dem der japanische Garten liegt. Das 800 Quadratmeter große Kunstwerk entstand 2001, initiiert von einer in München lebenden Japanerin und gesponsert von einem japanischen Unternehmer. Fachleute aus Japan haben ein harmonisches Miteinander von Steinen, Pflanzen und Wasser geschaffen. In der Mitte des Rondells verbinden sich zwei **Drachen aus Natursteinen** zu einer Einheit. Die **drei Buddha-Steine** symbolisieren Himmel, Paradies und die Ideale. Japanische Gärten sind nicht nur ein Stück schöner und dekorativer Natur; sie vermitteln den darin verweilenden Menschen das Gefühl kosmischer Ganzheit und regen sie zu Stille, Ehrfurcht und Kontemplation an. Vielleicht spürt der eine oder andere Besucher diese von dem Garten ausstrahlende mystische Botschaft.

Der einladende Eingang zum Biergarten der Erlebniswelt Flederwisch

Felsengänge oder Flederwisch?

Zurück in die Stadtmitte wählen wir den idyllischen **Schwanenweg** entlang des träge dahinfließenden Chamb, der etwas später darauf an einem Wehr gestaut wird. Am Ende des Schwanenwegs stoßen wir auf die Jörg-Pfeil-Straße, auf der wir rechts weitergehen, um anschließend den Alfred-Peter-Platz zu überqueren. Dann biegen wir rechts in die Michael-Datzl-Straße ein, schlendern auf der Bräuhausstraße nach rechts zum Bayplatz, den wir ja schon kennen, und erreichen über die Pfarrgasse erneut den **Stadtplatz**.

Mit Sicherheit stellt sich jetzt die Frage, wo eingekehrt werden soll, und angesichts der vielen Cafés und Restaurants auf dem Stadtplatz ist die Wahl vielleicht gar nicht so einfach. Zudem sollte überlegt werden, ob nicht vor oder nach der Einkehr noch Zeit für eine Besichtigung der **Felsengänge** in der Kramerstraße ist. Unterhalb von Furth erstreckt sich ein mehrere Kilometer langes Labyrinth, das die Bewohner früher als Bierkeller und als Versteck vor eindringenden Feinden nutzten. Der Eingang zu den Felsengängen ist ausgeschildert und vom Stadtplatz aus leicht zu finden.

Wer sich von den Felsengängen nichts verspricht, zeigt vielleicht Interesse für die **Erlebniswelt Flederwisch**. In diesem ungewöhnlichen Freilandmuseum sind Tausende von Objekten zusammengetragen – Maschinen, Fahrzeuge, elektrische Geräte, Gebrauchsgegenstände, zum Beispiel die **größte Dampfmaschine Bayerns**. Neben einem **»Goldgräbercamp«** mit einer Goldgräberpfanne, in der nach Goldnuggets gesucht werden kann, gibt es unter anderem auch einen **Drachen- und Ritterladen**, eine Erlebniswerkstatt, einen Kunst- und Handwerkerstadl sowie ein lauschiges Café. Insgesamt ist *Flederwisch* ein Paradies für Sammler und Kuriositätenjäger. Das Museum liegt im Übrigen hinter dem Bahnhof und ist so zu erreichen: der Bahnhofstraße in westlicher Richtung folgen, dann rechts durch die Unterführung gehen und danach gleich wieder rechts halten. Viel Spaß beim Stöbern und Entdecken!

Furth im Wald: ausgewählte Informationen und Highlights

Tourist-Information, Schloßplatz 1, 93437 Furth im Wald
Tel. 0 99 73/5 09 80, www.furth.de

Landestormuseum mit Heimat- und Drachenmuseum, Schloßplatz 4
Tel. 0 99 73/5 09 80, www.landestormuseum.de
Sommer (Ostern – Ende bayer. Herbstferien) Di–So 10.15–16.45
Winter Di, Do, Sa u. So 14.00–17.00

Erlebniswelt Flederwisch, Am Lagerplatz 5
Tel. 0 99 73/12 29, www.flederwisch.de
Winter (Jan–März u. Nov–Dez) So 10.00–17.00
Sommer (Apr–8. Nov) Mo–Fr 10.00–17.00, Sa u. So 11.00–17.00
Zusätzl. Öffnungszeiten im Rahmen von Führungen auf Anfrage

Further Felsengänge, Kramerstr.
Mai–Nov 13.00–16.00
Führungen Mo 14.00, Mi u. Fr 11.00, So 11.00 und 14.00

Drachenhöhle, Tel. 0 99 73/5 09 80
Ostern–Okt Di–So 10.30–16.00

Gasthof Postgarten, Postgartenweg 4
Tel. 0 99 73/13 50, www.gasthof-postgarten.de
Di–So 9.30–22.00, Mo Ruhetag

Café Rathaus, Stadtplatz 3
Tel. 0 99 73/25 45, 9.00–22.00
Di Ruhetag

Café-Bar-Restaurant VIP, Stadtplatz 8
Tel. 0 99 73/80 26 50, www.cafe-vip.de
Tägl. 9.00–1.00

Mokka Café-Bar, Stadtplatz 20
Tel. 0 99 73/8 05 77 33, www.mokka-furth.de
Tägl. 9.30–23.00

Hotel Zur Post, Stadtplatz 12
Tel. 0 99 73/50 05 98
Di–Do 10.00–20.00, Mo Ruhetag

Ingeborg und Werner Perlinger: Seit Jahrhunderten Drachenkampf in Furth. Furth 2007.

Hist. und kulinarische Stadtführungen sind über die Tourist-Information (s. S. 107) zu buchen.

Wochenmarkt am Stadtplatz Mi u. Sa 6.00–13.00

»Leonhardiritt«, hist. Reiterprozession am Ostermontag um die Leonhardi-Kapelle u. im Stadtgebiet mit hl. Messe und Segnung der Pferde

Drachenstich-Festspiele Mitte Aug. Infos unter www.drachenstich.de

Cham

Liebenswerte Stadt am Regenbogen

Ort:

Kreisstadt im gleichnamigen Landkreis. 17 400 Einwohner.

Geschichte:

Ursprung des Ortes ist die Gründung eines Benediktinerklosters im heutigen Ortsteil Chammünster. Erstmals erwähnt wird Cham 976 als »civitas camma«, der Name ist abgeleitet von dem Flüsschen Chamb, das im Ortsteil Altenstadt in den Regen mündet. 1204 fällt die Stadt an die Wittelsbacher. 1419–1434 große Zerstörungen im Krieg gegen die Hussiten. Im Jahr 1528 der erste evangelische Prediger im Amt, 1555 ersetzt ein ev. Dekan den katholischen; zwischen 1559 u. 1621 mehrfacher Religionswechsel; ab 1625 massive Gegenreformation. 1742 erstürmen die Panduren die Stadt und setzen sie in Brand. Durch den Anschluss an das Eisenbahnnetz 1861 wird Cham zum wichtigsten Holzumschlagplatz in Süddeutschland. Ende des 2. Weltkriegs zwei Luftangriffe der Alliierten mit vielen Toten und Verletzten. Durch die Heimatvertriebenen aus Schlesien und dem Sudetenland wächst die Stadt von knapp 6 000 auf über 10 000 Einwohner. 2009 erhält Cham den Titel »Ort der Vielfalt«.

Sehenswürdigkeiten:

Marktplatz mit Rathaus und Marktplatzbrunnen. Stadtpfarrkirche St. Jakob. Pfarrgarten. Spitalkirche mit Spitalgarten und Grasslturm. Platz der Menschlichkeit. Straubinger Turm. Biertor. Florian-Geyer-Brücke. Klosterkirche Maria Hilf. Cordonhaus. Museum SPUR.

Dauer des Rundgangs:

Ohne Museumsbesuch und Einkehr rund 2 Std.

Anfahrt:

ÖPNV: Mit dem Zug von Nürnberg bzw. Regensburg über Schwandorf nach Cham.

Kfz: Von Nürnberg auf der A 6 bis Ausfahrt 67 (»Amberg Ost«), anschließend auf der B 85 zum ausgeschilderten Chamer Bhf. und dort parken. Von Regensburg auf der B 16 bis Roding, weiter dann auf der B 85 zum Bhf in Cham.

Die Geschichte hat es mit der Stadt am Regenbogen nicht immer gut gemeint. Besonders schwer hatte die Bevölkerung unter den Einfällen und Brandschatzungen während des Kriegs gegen die Hussiten sowie im Dreißigjährigen Krieg zu leiden. Zwischen 1344 und 1877 kam es zu zehn verheerenden Stadtbränden – die Dächer waren überwiegend mit Holzschindeln gedeckt, sodass kleine Brände sich in Windeseile ausbreiten konnten. Chams schwärzester Tag sollte der 9. September 1742 werden, als die Panduren, eine Privatarmee ehemals österreichischer Soldaten unter dem Kommando ihres berüchtigten Anführers Franz Freiherr von der Trenck die Stadt in Schutt und Asche legte und drei Tage lang ungehindert plünderte. Die Chamer Bürger haben sich trotz all dieser Schicksalsschläge, zuletzt nach den Bombenangriffen am Ende des Zweiten Weltkriegs, immer wieder aufgerappelt. Heute ist Cham eine lebendige, besucherfreundliche Stadt, die 2009 zu Recht den von der Bundesregierung geschaffenen Titel »Ort der Vielfalt« erhalten hat.

Zum Museum SPUR an der Florian-Geyer-Brücke

Unser Rundgang beginnt am Chamer **Bahnhof**. Eine kurze Strecke die Bahnhofstraße entlang, anschließend rechts in den »Bahngraben« und kurz darauf erneut rechts in die Forstamtstraße abbiegen. Nach Durchschreiten der Bahnunterführung halten wir uns links. Auf dem idyllischen **Meranweg**, angelegt neben dem träge dahinfließenden **Regen**, erreichen wir das einzige erhaltene Stadttor, in dem ab Mitte des 17. Jahrhunderts eine Brauerei betrieben wurde und das deshalb zum **Biertor** wurde.

Bevor wir von hier aus in die Altstadt aufbrechen, überqueren wir die Brücke und gehen auf der **Schützenstraße** zum Haus Nr. 7, dem ehemaligen Armenhaus, in dem seit 1991 Werke der **Künstlergruppe SPUR** zu sehen sind – Bilder, Plastiken, Papierarbeiten. Vier junge avantgardistische Künstler – Heimrad Prem, Helmut Sturm, Lothar Fischer und Hans Peter Zimmer (die zwei Erstgenannten stammten aus der Oberpfalz) – hatten sich 1957 in München zusammengetan mit dem Ziel, völlig neue Wege zu gehen, und zelebrierten erfolgreich eine Art abstrakten Expressionismus. Die Gruppe bestand bis 1965, vereinigte sich dann mit der Gruppe *WIR* und nannte sich fortan *Geflecht*.

Der Marktplatzbrunnen mit der Waldhexe und ihren Kindern

Der Eintritt ist frei, leider ist das Museum aber nur an drei Wochentagen von 14.00 bis 17.00 Uhr geöffnet, und das auch nur von Ostern bis Heilige Drei Könige. Der Besuch lohnt sich aber sehr und sollte unbedingt eingeplant werden!

Der Regen hat hier einen zweiten Arm gebildet, der überspannt wird von der **Florian-Geyer-Brücke**; auf dem Brückengeländer ist die **Skulptur »Großer geharnischter Sitzender«** von Lothar

Fischer, dem bereits erwähnten *SPUR*-Begründer. Hier hatte Bernhard Wicki 1959 seinen anrührenden Anti-Kriegsfilm *Die Brücke* gedreht, allerdings sah die Brücke zu jener Zeit ganz anders aus. Am Brückenende ist ein **Metallband mit zwölf Szenen** aus dem Film angebracht, und das Wäldchen dahinter ist nach dem erfolgreichen Regisseur benannt. Auf den begrünten Terrassen am Flussufer tummelt sich im Sommer genüsslich Groß und Klein.

Der Chamer Marktplatz

Hinter dem roten Biertor mit seinen massiven Rundtürmen kommen wir in die Klosterstraße. An der linker Hand liegenden **Franziskanerkirche** gehen wir vorbei und biegen rechts in die Rosenstraße ein, die uns zum **Marktplatz** und damit zum Mittel- und Höhepunkt der Stadt bringt. Dort weiß man erst gar nicht, wohin man zuerst schauen soll, so beeindruckend ist die Vielfalt der Gebäude. Bei warmem Wetter, wenn die Gastwirte zum Draußensitzen einladen, sollte man sich ein bequemes Plätzchen suchen und alles in Ruhe betrachten.

Beginnen wir mit dem **Marktplatzbrunnen**, einem fulminanten Werk des Bildhauers Joseph Michael Neustifter aus Eggenfelden. Drei Figuren sind zu erkennen, und zwar Graf Luckner, die Waldhexe mit ihren Kindern und der **»Bilmesschneider«**, eine bayerische Sagengestalt. Er symbolisiert Missernten und Hunger, verdeutlicht durch die Sicheln an seinen Füßen, mit denen er beim Gang über die Felder das Getreide abschneidet. Die **Waldhexe** samt ihren blumengeschmückten Zöglingen steht für Mutter Natur, und **Graf Luckner** ist der berühmteste Sohn der Stadt, dem zu Ehren täglich um 12.05 Uhr vom Glockenspiel am Rathausdach die *Marseillaise* erklingt.

Dem Rathaus und der Stadtpfarrkirche St. Jakob werden wir uns gleich eingehender widmen. Wir betrachten zunächst die Parade schmucker **Bürgerhäuserfassaden** mit Erkern und Stufengiebeln. In dem ehemaligen **Café Krone** (Marktplatz 4) übernachtete 1615 der pfälzische Kurfürst Friedrich V., später als »Winterkönig« verspottet, da er nach seiner Wahl zum böhmischen Herrscher (1619) den Titel schon bald darauf im Kampf gegen die kaiserlichen Truppen verlor. Die **Marien-Apotheke** (Marktplatz 10) gefällt mit Abbildungen von Tätigkeiten, die den Apotheker ausmachen. Haus Nr. 8 stammt aus dem

17./18. Jahrhundert, Haus Nr. 6 aus dem 15. Jahrhundert. Farbenfrohe Treppen- und Spitzgiebel gibt es auch an der Ostseite des Platzes zu sehen. Das Haus **Zum Goldenen Löwen** ist das älteste Wirtshaus der Stadt.

Nikolaus Graf von Luckner vor dem Chamer Rathaus

Rathaus und St. Jakob

Nun aber zum Chamer **Rathaus**, das aus zwei Teilen besteht. Das **vordere Gebäude** mit Kastenerker sowie mit Zwiebelhaube und Glockenspiel auf dem Dach entstand im 14. Jahrhundert und ist mit der Jakobskirche durch einen Torbogen verbunden. Das **hintere Gebäude**, das rund 100 Jahre später gebaut wurde, gefällt mit schmuckem Stufengiebel und einem Eckerker. Vor dem Haupteingang sitzt Nikolaus Graf von Luckner, mit dem wir bereits am Marktplatzbrunnen Bekanntschaft gemacht haben – und über dessen Leben wir mehr erfahren werden, wenn wir vor seinem Geburtshaus in der Straubinger Straße stehen.

Leicht übersehen kann man das pieselnde **Hündchen** an der nördlichen Längsseite des älteren Gebäudeteils. Diese Bronzeplastik ist ebenfalls ein Werk des Eggenfelder Bildhauers Neustifter und steht auf einem ehemaligen tiefen **Brunnenschacht**, aus dem bis ins 19. Jahrhundert Wasser geschöpft wurde, möglicherweise auch zur Bekämpfung von Stadtbränden, war doch im Rathaus einst die Feuerwehr untergebracht.

Anschließend wollen wir uns mit St. Jakob beschäftigen, schauen uns aber erst auf dem **Kirchplatz** hinter der Kirche um. Auch hier entdecken wir einen Brunnen, geschaffen von dem heimischen Künstler Sebastian Roser, der die geologische Lage der Stadt plastisch dargestellt hat. An der Einmündung des Kirchplatzes in den Rindermarkt liegt der ehemalige **Pfarrgarten**, eine kleine grüne Oase inmitten der Altstadt.

Die Chamer **Pfarrkirche St. Jakob** war ursprünglich ein romanischer Bau und hat im Laufe der Zeit zahlreiche Zerstörungen und Umbauten erlebt. Wer prächtige Barockkirchen schätzt, wird von der prunkvollen neobarocken Innenausstattung mit Hochaltar, Kanzel, Orgel und etlichen Deckengemälden sehr angetan sein. Demgegenüber wirkt die größte Besonderheit der Kirche, das sogenannte **»Prager Jesuskind«**, eine kleine Wachsfigur mit Krone und vergoldetem Reichsapfel in der Hand, fast ein wenig unscheinbar.

Luckners Geburtshaus und Städtische Galerie

Wir verlassen den Marktplatz an der *Marien-Apotheke* und biegen rechts in die Lucknerstraße ein. Am Rindermarkt orientieren wir uns links und finden so in der **Straubinger Straße** den Ort, auf dem das 1873 abgebrannte **Geburtshaus von Graf Nikolaus von Luckner** stand. Eine Gedenktafel erinnert an den großen Sohn der Stadt, der nach zahlreichen militärischen Heldentaten als Generalissimus der französischen Rheinarmee von Ludwig XVI. zum Oberbefehlshaber der französischen Rheinarmee ernannt worden war, aber 1794 in Paris vom Revolutionstribunal wegen angeblichen Landesverrats auf der Guillotine hingerichtet wurde. Bereits ein Jahr später hat man Luckner rehabilitiert. Die französische Nationalhymne wurde ihm für seine Verdienste am 26. April 1792, an dem die *Marseillaise* zum ersten Mal ertönte, gewidmet. Nun erklingt sie täglich kurz nach zwölf Uhr mittags vom Glockenturm auf dem Rathaus.

Die Straubinger Straße mündet in die **Propsteistraße**, und da lohnt sich ein Abstecher zum nahen **Cordonhaus**, dem ehemaligen Zehntstadel der Reichenbacher Propstei. Neben der **Tourist-Information** ist hier eine **Galerie** eingerichtet worden, in der wechselnde Ausstellungen zeitgenössischer Künstler (vornehmlich aus der Oberpfalz) zu sehen sind. Außerdem finden dort regelmäßig literarische und kammermusikalische Veranstaltungen statt. Das Obergeschoss wartet mit Exponaten zur regionalen Vor- und Frühgeschichte auf.

Vom Bürgerspital zum Spitalgarten

Zurück auf der Straubinger Straße setzen wir unseren Rundgang fort und kommen so zum Regen. Wir laufen bis zur **Blauen Brücke** vor, die inzwischen zu einem Wahrzeichen der Stadt geworden ist, und wer jetzt einmal zurückschaut, sieht hoch über den Häusern der Straubinger Straße den **Straubinger Turm**, gekrönt von einem Storchennest, in das Jahr für Jahr ein Weißstorchenpaar einzieht.

Unmittelbar nach der Blauen Brücke biegen wir links in den **Spitalplatz** ab und erreichen das ehemalige **Bürgerspital**, das wie zahllose andere Gebäude 1877 völlig abgebrannt war, aber wieder neu aufgebaut wurde und seit 1976 Stadtarchiv und Stadtbibliothek beherbergt. Hinter dem Gebäude empfängt uns der **»Platz der Menschlichkeit«**. Sehr eindringlich wird hier auf Stelen und Tafeln angesprochen, welche Tugenden und Verhaltensweisen ein humanes Leben bestimmen. Unbedingt Zeit zum Nachdenken nehmen!

Zur **Spitalkirche** sind es dann nur ein paar Schritte. Das 1514 erbaute Gotteshaus hat mehrere Zerstörungen erlebt, letztmals 1742 durch die marodierenden Panduren. Ursprünglich im

Die eindrucksvolle Klosterkirche Maria Hilf

gotischen Stil errichtet, erhielt die Kirche in der zweiten Hälfte des 18. Jahrhunderts eine barocke Ausstattung, die jedoch wesentlich zurückhaltender als in St. Jakob ausgefallen ist. Der lichtdurchflutete Raum verstrahlt Ruhe und Besinnlichkeit. Am rechten Seitenaltar ist die **Figur des heiligen Bartholomäus** – mit seiner abgezogenen Haut über dem Arm – überaus eindrucksvoll, ebenso der mit dem Teufel kämpfende Erzengel Michael an der Orgelempore.

Nachdenklich verlassen wir die Kirche und gehen linker Hand die Randsbergerhofstraße hinauf, um gleich dann rechts durch ein Mauertor den **Spitalgarten** zu betreten. Zwischen Hecken blüht es hier gewaltig, auf Kräuterbeeten und Rosenstöcken, da möchte man gern länger verweilen. Gut erhalten sind hier außerdem die äußere und innere **Stadtmauer**, und am Ende des Gartens entdecken wir den **Grasslturm**, einen runden Wehrturm, von dessen Sorte es einst 24 zur Verteidigung gegen die anstürmenden Hussiten gegeben haben soll.

Lust auf eine Chamer Kanonenkugel?

Weiter geht es anschließend auf der Randsbergerhofstraße zum **Steinmarkt**. Dort sticht uns sofort der hohe **Rundturm** ins Auge, ein Überbleibsel des ehemaligen kurfürstlichen Salz- und Getreidespeichers. Ein Hingucker ist auch das schmucke **Stufengiebelhaus** mit Eckerker und gestreiften Fensterläden. Nachdem wir inzwischen fast schon zwei Stunden unterwegs sind, käme wohl allmählich eine Wirtshauseinkehr in Betracht, und da wir gerade vor dem **Ristorante Caorle** stehen, ließe sich das sofort umsetzen. Vielleicht zieht es aber den einen oder anderen mehr **Zum Goldenen Löwen** am Marktplatz, zumal man dort mit einer »Chamer Kanonenkugel« eine deftige Oberpfälzer Spezialität genießen kann.

Wer vom Steinmarkt aus den Rückweg zum Bahnhof antreten will, geht auf der Ludwigstraße immer geradeaus und kommt am **Rhaner Bräustüberl** vorbei, einem Traditions-Wirtshaus und Jugendstil-Kleinod aus dem Jahr 1904. Es folgt kurz darauf rechts mit der schlichten **Erlöserkirche** die älteste evangelische Kirche im Bayerischen Wald, und unmittelbar danach die **Klosterkirche Maria Hilf**, ein gewaltiger Bau mit zwei Türmen, errichtet von 1900 bis 1908 von den Redemptoristen, einem katholischen Priesterorden. Gestaltet ist die Kirche im Nazarener-Stil, einer neuromanisch-religiösen Kunstrichtung, die sich die Maler der italienischen und deutschen Hochrenaissance zum Vorbild genommen hat. Eine Besichtigung sollte keinesfalls versäumt werden! Der über 50 Meter lange und 24 Meter breite Innenraum fasziniert mit seiner überquellenden Farbigkeit – man fühlt sich in dem gedämpften Licht wie in einer anderen Welt, einer Mischung aus krassem Realismus und sentimentaler Mystik.

Nach Verlassen der Kirche gehen wir auf der Ludwigstraße weiter und biegen links in die Bahnhofstraße ein, die uns zum Ausgangspunkt des Rundgangs bringt.

Cham: ausgewählte Informationen und Highlights

Tourist-Information, Propsteistr. 46, 93413 Cham
Tel. 0 99 71/8 57 94 10, www.cham.de

Städt. Galerie im Cordonhaus, Propsteistr. 46
Tel. 0 99 71/8 57 94 20, www.cham.de
Mi–So u. Fei 14.00–17.00, Do 14.00–19.00

Museum SPUR, Schützenstr. 7, Tel. 0 99 71/4 07 90
Ostern–Dreikönig Mi, Sa, So u. Fei 14.00–17.00

Zum Goldenen Löwen, Marktplatz 7
Tel. 0 99 71/9 96 48 84
Mo 10.00–14.00, Mi–So 10.00–22.00, Di Ruhetag

Rhaner Bräustüberl, Ludwigstr. 5
Tel. 0 99 71/70 09, www.rhaner-braeustueberl.de
Mi–Sa 11.00–14.00 u.18.00–23.00, So 10.00–14.00, Mo u. Di Ruhetag

Ristorante Caorle, Steinmarkt 9
Tel. 0 99 71/7 97 12
Mo, Mi–Fr u. So 11.00–14.00 u. 17.30–23.00, Di u. Sa Mittag Ruhetag

Konditorei-Café Schönberger, Alrunastr. 5
Tel. 0 99 71/23 20, Mo–Fr 6.00–18.00, Sa 6.00–12.00

Restaurant LE CAFE, Obere Regenstr. 1
Tel. 0 99 71/4 01 18, So–Do 9.00–1.00, Fr u. Sa 9.00–3.00

Stephanie Paa/Gerald Richter: CHAM. Spazierbuch durch die Stadt am Regenbogen. Regensburg 2015

Stadtführungen Mai–Sep jeden Di ab 10.30, Treffpunkt am Marktplatzbrunnen

Frühlingsfest auf dem Volksfestplatz an einem Mai-Wochenende
Altstadtfest auf dem Marktplatz am 2. Juli-Wochenende
Volksfest auf dem Volksfestplatz Ende Juli/Anfang Aug
Chamlandschau – die größte Messe der Region, Volksfestplatz 3. Sep-Wochenende

Neumarkt in der Oberpfalz 13

Die einstige Residenz der Wittelsbacher

Ort:

Große Oberpfälzer Kreisstadt im gleichnamigen Landkreis. Mit allen Eingemeindungen rund 40 000 Einwohner.

Geschichte:

1235 wird Neumarkt erstmals urkundlich erwähnt und erhält die gleichen Handelsrechte wie Nürnberg. 1269 fällt Neumarkt an die Wittelsbacher. Stadtbefestigung zu Beginn des 14. Jahrhunderts. Im 15. und 16. Jahrhundert Residenzstadt der pfälzischen Wittelsbacher. Als Pfalzgraf Friedrich II. sein Domizil nach Heidelberg verlegt, verliert die Stadt rasch an Bedeutung. Schwere Plünderungen und Verwüstungen im Dreißigjährigen Krieg. Ab 1806 bayerisch. Im 19. Jahrhundert Entwicklung zur Industriestadt, begünstigt durch den Bau des Ludwig-Kanals sowie durch den Anschluss an das bayerische Eisenbahnnetz. Am 19. April 1945 wird die historische Altstadt durch Luftangriffe der Alliierten fast völlig zerstört. Nach Ende des Zweiten Weltkriegs rascher Wiederaufbau nach historischem Vorbild.

Sehenswürdigkeiten:

Marktstraße mit Rathaus und zahlreichen schmucken Bürgerhäusern. St.-Johannes-Kirche. Residenzplatz mit Pfalzgrafenschloss, Reitstadel und Hofkirche. Schlossweiher und Stadtpark. Schreiberhaus. Pulverturm und Schuldturm. Fünf Museen. Ganz in der Nähe der Stadt die Ruine Wolfstein und die Wallfahrtskirche Mariahilf.

Dauer des Rundgangs:

Ohne Einkehr und Museumsbesuch etwa 2 Std.

Anfahrt:

ÖPNV: Von Nürnberg, Regensburg, Hof oder Bayreuth mit dem Zug zum Bhf. Neumarkt.
Kfz: Auf der A 3 (Regensburg–Erlangen) bis Ausfahrt 92 »Neumarkt« und zum Parkplatz am Bhf.

Die Schäden der Bombennacht bravourös überwunden

Obwohl von den 573 Häusern der Neumarkter Innenstadt nur 48 die Bombardierung im April 1945 überstanden hatten, konnte das historische Stadtbild nahezu komplett wiederhergestellt werden. Neumarkt ist zudem nicht nur Standort einer blühenden Wirtschaft geworden, sondern verfügt mit dem *Museum Lothar Fischer* und dem Konzertsaal im ehemaligen Reitstadel auch über kulturelle Einrichtungen der Extraklasse. Ein Bummel durch die Altstadt zu den wichtigsten Sehenswürdigkeiten verspricht also viel Interessantes.

Über die Bahnhofstraße zur Altstadt

Wir gehen vom Bahnhofplatz geradeaus in die **Bahnhofstraße**. Schon nach knapp 100 Metern erreichen wir rechter Hand **Gasthof Wittmann**. Hier einzukehren würde sich später sehr lohnen, einerseits wegen der ausgezeichneten Küche, andererseits weil im hinteren Teil des Gebäudes das **1. Bayerische Metzgerei- und**

Einblick in das 1. Bayerische Metzgerei- und Weißwurstmuseum

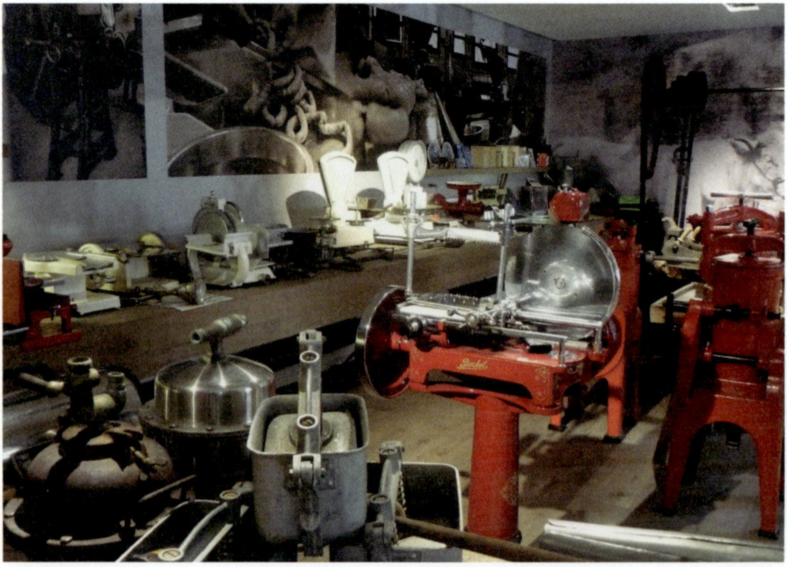

Weißwurstmuseum entstanden ist, das man nach Voranmeldung besichtigen kann. Dort wird man informiert, wie in früheren Zeiten Fleisch und Wurst verarbeitet wurden und welche Maschinen und Geräte der Metzger dereinst benutzte.

Ganz in der Nähe, rechts von der Bahnhofstraße ab und ein Stück die Holzgartenstraße entlang, steht ein weiteres Highlight bereit, das **Museum für historische Maybach-Fahrzeuge**. Diese weltweit einzigartige Ausstellung wartet mit 20 chromglänzenden Luxus-Limousinen auf, und das sind mehr als zehn Prozent der erhalten gebliebenen wertvollen Fahrzeuge, von denen zwischen 1921 und 1941 lediglich 1 800 produziert worden waren. Für Autofreaks dürfte der Besuch dieses Museums deshalb wohl unverzichtbar sein.

Bis zum **Theo-Betz-Platz** sind es vom Bahnhof aus nur gut 400 Meter die Bahnhofstraße entlang. Hier stoßen wir auf die Ringstraße, die die historische Altstadt von Süden und Westen komplett umschließt. Rechter Hand, vor Überquerung des Platzes, betrachten wir intensiv eine etwa zwei Meter hohe **Säule**, auf der eindrucksvoll an das Bombeninferno am Ende des Zweiten Weltkriegs erinnert wird. Gegenüber, auf der anderen Seite des Platzes, der **Obere Ganskeller**, eine ebenfalls empfehlenswerte Einkehrmöglichkeit.

Nun aber links in die verkehrsberuhigte **Obere Marktstraße**. Es ist dies ein altbayerischer Straßenmarkt mit bildschönen **Bürgerhäusern**, die Fassaden weiß, blau, rot oder gelb, die Giebel spitz oder stufenförmig, dazwischen Walm- und Krüppelwalmdächer, ein herrlicher Anblick. Es lohnt sich, hier ganz gemächlich entlangzuschlendern und das quirlige Geschehen ringsum zu beobachten, die Passanten, die Wirtshäuser, die Boutiquen, Läden und Fachgeschäfte. Die rechts abzweigende Rosengasse führt zum Neumarkter **Glossner-Bräu**, einer 1574 gegründeten Brauerei mit idyllischem Biergarten, Schmankerl-Lokal und einem **Brauereimuseum**, das nach Vereinbarung kostenfrei besichtigt werden kann.

Rathaus und St. Johannes

Am **Rathausplatz** mündet die Obere Marktstraße in die Untere Marktstraße. Im **Rathaus**, einem wuchtigen spätgotischen Gebäude, das im 15. Jahrhundert entstanden war und nach der Zerstörung 1945 in den 1950er-Jahren nach altem Vorbild wiederaufgebaut wurde, ist das **Touristik-Amt** untergebracht, und hier kann man sich mit allerlei Unterlagen über Neumarkt versorgen. Vor dem Rathaus drei **Bronze-Stelen**, ein Werk des mit zahlreichen Kunstpreisen ausgezeichneten Bildhauers Lothar Fischer, der seine Kindheit und Jugend in Neumarkt verbracht hatte und sich stets aufs Engste mit der Stadt verbunden fühlte. Das nach ihm benannte Kunstmuseum in der Weiherstraße werden wir etwas später kennenlernen.

Gleich neben dem Rathaus steht die im Juni 2015 zum Münster erhobene **Stadtpfarrkirche St. Johannes**, die wir genauer unter die Lupe nehmen wollen. Vor der Kirche befindet sich ein hübscher **Georgsbrunnen**. Wir betreten die Kirche durch das Johannes-Portal mit Szenen aus dem Leben des Täufers. Der dreischiffige Innenraum wird dominiert von hoch aufragenden Säulen, die den Blick auf den von sieben Spitzbogenfenstern umrahmten Chorraum freigeben. Der Hochaltar zeigt die Taufe Jesu durch Johannes. Zwischen Kruzifix und Mondsichelmadonna ein Zelebrationsaltar. Der **romanische Taufstein** im südlichen Kirchenschiff stammt aus dem 12. Jahrhundert. An den Wänden zahlreiche Epitaphien. Besonders sehenswert sind die zwei Kapellen im Rückraum der Kirche: die **Marienkapelle** mit dem Marienaltar und die **Immanuelkapelle** mit einer gelungenen Kopie des berühmten Isenheimer Altars von Mathias Grünewald.

Wir verlassen die Kirche und gehen nach rechts ein paar Schritte die **Hallertorstraße** entlang. Eine Tafel links an der Abzweigung zur Hafnergasse verweist darauf, dass dort die 1868 geweihte **Synagoge** stand, die 1938 von den Nazis geschändet worden war und 1945 im Bombenhagel völlig zerstört wurde. Das nächste Gässchen links, die Adolf-Kolping-Straße, führt zum **Stadtmuseum**, und vielleicht hat der eine oder andere Zeit und Lust, am Ende des Rundgangs die Exponate zur Neumarkter Stadt- und Industriegeschichte näher in Augenschein zu nehmen.

Über die Klostergasse zum Residenzplatz

Wieder zurück am Rathausplatz wollen wir uns nun zum eigentlichen Herzstück der Altstadt aufmachen, überqueren deshalb die Obere Marktstraße und biegen in die **Klostergasse** ein, eine Flaniermeile mit unzähligen Geschäften und Einkehrmöglichkeiten ähnlich wie in der Oberen Marktstraße. Dann links in die

Das Renaissanceschloss der Pfalzgrafen

Gerichtsgasse einbiegen, und schon ist der **Residenzplatz** erreicht. Sofort fällt der Blick auf den **Reitstadel**, ursprünglich als Zeughaus genutzt und später als Reithalle der stationierten Garnison. 1980/81 entstand aus den Ruinen, die der Zweite Weltkrieg hinterlassen hatte, ein modernes städtisches Kulturzentrum mit einer Ausstellungshalle und einem Konzertsaal, der wegen seiner außerordentlichen Akustik und intimen Atmosphäre inzwischen internationalen Ruf genießt.

Gegenüber liegt die **Hofkirche »Zu unserer Lieben Frau«**, die Pfalzgraf Johann in der ersten Hälfte des 15. Jahrhunderts errichten ließ und die damals nur für Angehörige des Hofstaats offen stand – die Bürgerlichen hatten St. Johannes. Sehr imposant in der Hofkirche ist das **Marmorhochgrab** des Pfalzgrafen Otto II., aber schön sind auch der neugotische Hochaltar, die Orgelempore, an der linken Chorbogenwand die Steinmadonna von 1480 und an der rechten Chorwand die Figur des heiligen Sebastian von 1490.

Zeitgleich zum Bau der Hofkirche entstand das **Pfalzgrafenschloss**, das zwar 1520 abbrannte, aber unter Pfalzgraf Friedrich II. als Renaissanceschloss neu aufgebaut wurde. Nunmehr ist das schmucke Gebäude Sitz des Amtsgerichts. Die drei robusten **Reiterfiguren** auf dem Platz sind ein viel bewundertes Werk Lothar Fischers.

Museum Lothar Fischer oder Schlossweiher

Wir haben längst noch nicht alle Sehenswürdigkeiten gesehen, also keine Müdigkeit vortäuschen, sondern schwungvoll rechts an der Hofkirche vorbei, über den »Hofplan« wieder zur Klostergasse und anschließend durch das dekorative **Klostertor**. Von rechts mündet die Kapuzinerstraße mit der evangelisch-lutherischen **Christuskirche**, hervorgegangen aus der ehemaligen Klosterkirche der Kapuziner. Wir orientieren uns nach links und gelangen auf der Weiherstraße zur Stadtbibliothek mit dem verlockenden **Parkcafé**, und gleich daneben das 2004 eröffneten **Museum Lothar Fischer**, in dem 60 Skulpturen und Plastiken des großen Künstlers zu sehen sind und in dem jährlich drei Ausstellungen zur klassischen Moderne stattfinden. Liebhaber zeitgenössischer Kunst werden sich den Besuch dieses außergewöhnlichen Museums nicht entgehen lassen und wahrscheinlich davor oder anschließend einen Espresso oder Cappuccino im *Parkcafé* schlürfen. Allen anderen empfehle ich, den **Schlossweiher** gegenüber zu umrunden. Das stille, idyllisch gelegene Gewässer, einst Lieferant von Frischfisch für die Hofküche und später Eislieferant für die ortsansässigen Brauereien, ist in gut zwanzig Minuten abgelaufen und böte Gelegenheit, die vielfältigen bisherigen Eindrücke nachwirken zu lassen.

Turm und Giebel des spätgotischen Neumarkter Rathauses

Durch den Stadtpark zum Unteren Tor

Danach wollen wir uns im **Stadtpark** umschauen. Wir gehen den Weg zwischen *Fischer-Museum* und Stadtbibliothek hinunter, folgen aber anschließend nicht dem Ilse-Haas-Weg, sondern schlendern gemütlich rechts an dem kleinen Teich vorbei, hinter dem die Rückgebäude des Pfalzgrafenschlosses liegen. Vor uns jetzt ein breites Wiesenviereck, umrahmt von knorrigen Bäumen. Wir gehen rechts die leichte Böschung hinauf und stehen unvermittelt vor einem **Denkmal** mit dem Konterfei von **König Christoph III.**, der, wie auf der Umrahmung zu lesen ist, von 1441 bis zu seinem Tod 1448 Herrscher über die vereinigten Königreiche Dänemark, Schweden und Norwegen gewesen ist. Dieser in Neumarkt geborene Christoph war der einzige Sohn des Pfalzgrafen Johann und wurde durch Beschluss des dänischen Reichsrats Nachfolger seines Onkels Erik auf dem dänischen Thron, dem auch Norwegen und Schweden untertan waren – kein anderer Pfalzgraf hat eine derart traumhafte Karriere aufzuweisen.

Wir umgehen das Wiesenkarree und verlassen den Park auf der gegenüberliegenden Seite. Hier stoßen wir auf die **Untere Kasernengasse** mit dem **Kasernengebäude**, in dem die bayerischen Chevauleger-Regimenter von 1814 bis 1909 stationiert waren. Es folgt danach rechts der **Schuldturm**, das ehemalige Stadtgefängnis. Anschließend erreichen wir den Unteren Markt und das Untere Tor. Zum Rathaus sind es linker Hand nur ein paar Minuten.

Wer noch ein wenig durch die Nebenstraßen der Altstadt schlendern möchte, könnte das **Schreiberhaus** in der Bräugasse, die hinter der Johanneskirche rechts abzweigt, aufsuchen – der schmucke Fachwerkbau gilt als das älteste erhaltene Bürgerhaus der Stadt. Einen Abstecher wert wäre auch der **Pulverturm** in der Pulverturmgasse im Süden der Altstadt mit Resten der alten Stadtmauer. Oder man bummelt einfach kreuz und quer, Überraschendes findet sich in Neumarkts Gassen immer wieder.

Einkehr und Museumsbesuch

Wer seine Einkehr mit einem Museumsbesuch verbinden will, macht sich auf den Weg zum *Gasthof Wittmann* in der Bahnhofstraße mit dem *Bayerischen Metzgerei- und Weißwurstmuseum*. Oldtimer-Fans werden nicht vergessen, die Luxus-Karossen im *Maybach-Museum* zu begutachten, während begeisterte Radler

Eine stolze Parade von Karossen im Maybach-Museum

im *Stadtmuseum* die einzigartige Sammlung von Produkten der ehemaligen *Velocipedfabrik Goldschmidt & Pirzer*, der späteren *Express-Werke,* keinesfalls versäumen wollen. Gipfelstürmer erwägen vielleicht sogar einen Ausflug zur **Burgruine Wolfstein** oder zu der barocken **Wallfahrtskirche Mariahilf**. Wegbeschreibungen dazu sind im Amt für Touristik bzw. im Prospektautomaten gegenüber erhältlich.

Neumarkt i. d. OPf.: ausgewählte Informationen und Highlights

Tourist-Information, Rathausplatz 1, 92318 Neumarkt in der Oberpfalz
Tel. 0 91 81/25 51 25, www.neumarkt.de

1. Bayerisches Metzgerei- und Weißwurstmuseum, Bahnhofstr. 21
Tel. 0 91 81/90 74 26, www.hotel-wittmann.de
Besuch und Führungen nur nach Voranmeldung möglich

Museum für historische Maybach-Fahrzeuge, Holzgartenstr. 8
Tel. 0 91 81/4 87 71 00, www.automuseum-maybach.de
Anfang Nov–Ende Apr Di–So 11.00–17.00
Anfang Mai–Ende Okt Di–So 10.00–17.00

Brauereimuseum im Glossner-Bräu, Schwesterhausgasse 9–15
Tel. 0 91 81/2 34 36, www.glossner.de
Mi–Sa ab 17.00

Stadtmuseum Neumarkt, Adolf-Kolping-Str. 4
Tel. 0 91 81/24 01, www.stadtmuseum.neumarkt.de
März–Jan Mi–Fr u. So 14.00–17.00, im Feb geschl.

Museum Lothar Fischer, Weiherstr. 7a
Tel. 0 91 81/51 03 48, www.museum-lothar-fischer.de
Mi–Fr 14.00–17.00, Sa u. So 11.00–17.00, Apr–Sep Mi–So bis 18.00

Hotel & Gasthof Wittmann, Bahnhofstr. 21
Tel. 0 91 81/90 74 26, www.hotel-wittmann.de
Mo–Sa 8.00–23.30, So 9.00–15.00

Mittlerer Ganskeller, Obere Marktstr. 9
Tel. 0 91 81/63 73,
Apr–Sep tägl. 9.00 – ca. 22.00, Okt–März Mi 9.00–14.30

Café am Rathaus, Obere Marktstr. 24a
Tel. 0 91 81/4 63 88 11, www.cafeamrathaus-neumarkt.de
Mo–Fr 8.30–24.00, Sa u. So 9.00–24.00

Café Bar Restaurant PEPE, Untere Marktstr. 21
Tel. 0 91 81/90 51 52, www.pepe-neumarkt.de
So–Do 11.00–24.00, Fr u. Sa 11.00–1.00

Oberer Ganskeller, Ringstr. 2
Tel. 0 91 81/51 20 35, www.obererganskeller.de
Mo–Fr 8.30–24.00, Sa u. So 9.30–24.00

Restaurant AKROPOLIS im Parkcafé, Weiherstr. 7b
Tel. 0 91 81/2 14 38, Di–So 11.00–15.00 u. 17.00–23.00

Dennerlohr, Carin: Neumarkt in der Oberpfalz. Stadtführer Entdecken und Genießen, Galli-Verlag 2010

Wochenmarkt immer Do 8.00–17.00, mit Bauernmarkt auf dem Rathausplatz 8.00–14.00, weitere Informationen unter Tel. 0 91 81/8 83 00 70 (aktives Neumarkt e. V.) oder auf www.neumarkter-wochenmarkt.de

Bauernmarkt auf dem Unteren Markt, immer Sa 8.00–13.00

Dreitägiges Altstadtfest Mitte Juni

Zehntägiges Jura-Volksfest mit Pferde- und Fohlenmarkt Anfang–Mitte Aug

Schmankerlwochen im Okt; Infos unter www.schmankerlwochen.de

Neumarkter Passionsspiele alle 10 Jahre, demnächst 2019; Infos unter www.passionsspiele-neumarkt.de

Burglengenfeld

14

Eine historische Stadt mit Zukunft

Ort:

Stadt im Landkreis Schwandorf. 13 000 Einwohner.

Geschichte:

Erste urkundliche Erwähnung um 817. Gegen 900 Bau der Burg zum Schutz gegen einfallende Ungarn. Durch Heirat fällt der Ort 1120 an das Haus Wittelsbach. Mitte des 13. Jahrhunderts Marktrecht. Unter den Pfalzgrafen Ottheinrich und Philipp von Pfalz-Neuburg erhält Burglengenfeld 1542 das Stadtrecht und erlebt einen beträchtlichen Aufschwung. Einführung des lutherischen Glaubens, der Anfang des 17. Jahrhunderts durch die Gegenreformation rückgängig gemacht wird. Überfälle der Hussiten und mehrfache Belagerungen während des Dreißigjährigen Kriegs beeinträchtigen die Entwicklung. 1806 fällt die Stadt an Bayern. Im 19. Jahrhundert siedeln sich Industrie- und Gewerbebetriebe an. Burglengenfeld ist heute, als Mittelzentrum zusammen mit den Nachbarstädten Maxhütte-Haidhof und Teublitz, eine moderne Kleinstadt.

Sehenswürdigkeiten:

Burg Burglengenfeld mit dem Heilkräutergärtlein. Marktplatz mit Renaissance-Rathaus und Stadtbrunnen. Stattliche Ackerbürgerhäuser, u. a. Pfälzer Hof. Reste der Stadtmauer mit Wehrtürmen. Kirche St. Vitus. Evangelische Christuskirche. Mittelalterliche Bierkelleranlage. Große Kanzlei mit dem Oberpfälzer Volkskundemuseum. Kunstzeile am Stadtgraben. Zwei historische Vierseithöfe (Zaschkahof und Almenhof).

Länge des Rundgangs:

Ohne Museumsbesuch und ohne Einkehr 2½ bis 3 Std.

Anfahrt:

ÖPNV: Vom Schwandorfer bzw. vom Regensburger Bahnhof mit der Buslinie 41 zur Haltestelle an der Pithiviers-Brücke in Burglengenfeld.
Kfz: Auf der A 3 bis Ausfahrt 95 (»Beratzhausen«) und anschließend über Dallackenried u. Kallmünz nach Burglengenfeld. Oder auf der A 93 bis Ausfahrt 36 (»Ponholz«) bzw. 35 (»Teublitz«) und auf der B 15 nach Burglengenfeld. Parkmöglichkeiten in der Altstadt oder vor dem Volkskundemuseum.

Die Stadt liegt beiderseits der Naab, harmonisch eingebettet zwischen Burgberg, Kreuzberg und Galgenberg. Die glanzvollen Zeiten, da Burglengenfeld von Kaisern und Königen besucht und von Herzögen regiert wurde, sind natürlich längst vorbei. In den letzten Jahren hat allerdings eine rührige Bürgerschaft mit etlichen Restaurierungsmaßnahmen dafür gesorgt, dass die Altstadt samt der imposanten Burg nunmehr komplett unter Denkmalschutz steht. So präsentiert sich denn Burglengenfeld heute, wie Bürgermeister Thomas Gesche in einer Informationsbroschüre nicht ohne Stolz feststellt, als »historische Stadt mit Zukunft«. Wir werden sehen, inwieweit diese Aussage zutreffend ist.

Aufstieg zur Burg

Start unseres Rundgangs an der **Pithiviers-Brücke**. Wir wollen uns gleich auf die größte Sehenswürdigkeit stürzen, auf die **Burg Burglengenfeld**. Sie ist das Wahrzeichen der Stadt und gilt mit ihren rund 2,3 Hektar als die größte und bedeutendste Burganlage in der Oberpfalz.

Der Weg hinauf, immerhin müssen 85 Höhenmeter überwunden werden, setzt eine gewisse Kondition voraus. Wer

Ein verheißungsvoller Ausblick: auf dem Weg zur Burg

sich den 25-minütigen Aufstieg nicht zumuten will, geht ein paar Schritte auf der Hauptstraße Richtung Innenstadt, biegt dann links in die Kirchenstraße ein und setzt den Rundgang an der St.-Vitus-Kirche fort.

Wer hingegen gut zu Fuß ist, beginnt den Aufstieg rechter Hand neben dem **Volkskundemuseum**. Es geht anfangs steil bergauf, über gefühlt unendlich viele **Stufen**, und das ist ganz schön anstrengend. Doch wird man bald mit einem herrlichen Ausblick auf das zu Füßen liegende Häusermeer belohnt. Und dann ist sie schon in Sicht, die gewaltige, 800 Meter lange und bis zu sieben Meter hohe Rundmauer der Burg. An der Weggabelung halten wir uns rechts, bewundern den schlanken **Pulverturm** an der Südseite und stoßen schließlich auf die Erich-Gottfried-Heuser-Straße. Damit stehen wir vor dem imposanten **Burgtor**.

Die in der ersten Hälfte des 12. Jahrhunderts begonnene und später umfangreich ausgebaute Anlage ist seit 1967 in Privatbesitz des *Sozialwerks Heuser* und kann nur im Rahmen einer Führung besichtigt werden. Doch auch vom Tor aus sind sowohl der mächtige rechteckige **Sinzenhofer Turm** als auch der 28 Meter hohe **Bergfried**, ein Rundturm mit dem Eingang zehn Meter über dem Boden, einwandfrei zu sehen. Wer an einer Führung teilnimmt, lernt unter anderem den – im Geist von Hildegard von Bingen angelegten – Heilkräutergarten kennen.

Wie bedeutend diese Burg einst war, belegt die Tatsache, dass sich Kaiser Ludwig der Bayer hier mehrmals längere Zeit aufhielt. 1522 wurden hier die neuburgischen Herzöge Ottheinrich und Philipp für großjährig erklärt und übernahmen das Fürstentum Pfalz-Neuburg. Auch Konradin, der letzte Staufer, wurde auf der Burg empfangen.

St. Vitus und Christuskirche

Der **Landbotenweg** bringt uns zurück in die Altstadt. Da es jetzt bergab geht, erreichen wir schnell die Straße »Beim Klingentor«. Etwa 100 Meter nach rechts gehend kommen wir zu der im 14. Jahrhundert erbauten katholischen **Pfarrkirche St. Vitus**, in der von 1542 bis 1617 evangelische Gottesdienste stattfanden. Herzog Philipp hatte der Kirche drei Glocken gestiftet (1537–39), die noch immer geläutet werden. Der stattliche Kirchturm erhielt seine endgültige Form Ende des 19. Jahrhunderts; in den 1930er-Jahren entstanden das sehenswerte neuromanische Hauptportal und der große Choranbau.

Besondere Beachtung verdient das Nachbarhaus, die ehemalige **Lateinschule**, in der 1783 die Ehrenbürgerin Josephine Haas geboren wurde. Der von König Ludwig I. gesponserte Gedächtnisaltar für Haas befindet sich im Rathausaltbau. Die gebürtige Burglengenfelderin kam aus einfachen Verhältnissen, war später mit dem Malteserritter Graf von Lerchenfeld zur linken Hand vermählt und gründete nach dem Tod ihres Mannes eine Stiftung zur Aussteuer bedürftiger Mädchen, die noch heute besteht. Auf Veranlassung Ludwigs I. wurde Josephine in den Adelsstand erhoben und erhielt ein eigenes Wappen.

Unmittelbar neben St. Vitus steht der **Almenhof**, ein historischer Vierseithof (von allen vier Seiten von Gebäuden umgeben), in dem Ende des 18. Jahrhunderts eine kurfürstliche Flintensteinmanufaktur existierte – nunmehr ist das stattliche Gebäude ein Wohnhaus.

Nur ein paar Schritte sind es dann auf der Kirchenstraße zur evangelischen **Christuskirche**, hervorgegangen aus der ehemaligen Klosterkirche des Kapuzinerordens, der im Zuge der Säkularisation Anfang des 19. Jahrhunderts aufgelöst worden war. Vor der Kirche erinnert eine Skulptur an den großen Theologen und NS-Widerstandskämpfer **Dietrich Bonhoeffer**, der kurz vor Kriegsende im April 1945 von den Nazis im KZ Flossenbürg ermordet wurde.

Die gute Stube von Burglengenfeld

Die Christoph-Willibald-Gluck-Straße bringt uns zum **Marktplatz**, zur Flanier- und Schlemmermeile der Stadt mit Boutiquen, Fachgeschäften und vielfältigen Einkehrmöglichkeiten. Bei schönem Wetter sitzt man unter Schatten spendenden Linden und Kastanienbäumen und ergötzt sich an dem nie endenden Treiben der auf und ab schlendernden Passanten. Nach dem kräftezehrenden Aufstieg zur Burg wäre eine Verschnaufpause in einem der Cafés sicherlich naheliegend – mein Lieblingsplatz ist das **Café Drei Kronen** neben der Pithiviers-Brücke. Von der urigen Terrasse hat man einen schönen Blick auf die dahinfließende Naab.

Beim Bummel durch die »gute Stube« von Burglengenfeld überrascht uns dann der **»nackerte Schorsch«**, wie die Einheimischen die vier Meter hohe Bronzefigur ihres Stadtpatrons, des heiligen Georg, wegen seiner fehlenden Bekleidung getauft haben. Es ist dies ein Werk des Braunschweiger Bildhauers Jürgen

Das imposante Renaissance-Rathaus

Weber, von dem auch das viel bewunderte »Ehekarussell« vor dem Weißen Turm in Nürnberg stammt.

Ausgiebig begutachten wir anschließend das schmucke **Rathaus**, gebaut in der Mitte des 15. Jahrhunderts im Renaissancestil. Über dem Rathausportal prangt das prächtige Stadtwappen mit dem bereits erwähnten Stadtpatron. Linker Hand des Eingangs ist eine Gedenktafel zu Ehren von **Johann Michael Fischer**, und vor dem Rathaus außerdem eine Figur dieses bedeutendsten Sohnes der Stadt. Fischer gilt als einer der größten deutschen Barockbaumeister und hat unter anderem mehr als 30 Gotteshäuser und über 20 Klöster geschaffen. Beigesetzt ist er an der Südseite der Münchner Frauenkirche. Im linken Rathausturm hängt außerdem das sogenannte **»Hussitenglöckerl«**, dessen lautstarker Glockenton an die Schreckenszeit der Hussitenkriege erinnert.

Bierkeller und WAA-Gedenkstein

Eines der markantesten Gebäude in der Marktstraße ist der **Pfälzer Hof** schräg gegenüber dem Rathaus, aber auch etliche andere giebelständige Bürgerhäuser aus dem 18. Jahrhundert erfreuen das Auge des Besuchers.

Kurz vor der Pithiviers-Brücke biegen wir links in die **Kellergasse** ein und kommen zum **Zaschkahof**, einem 1 000 Jahre alten, vorwiegend aus Kalkbruchsteinen gefertigten Vierseithof mit zwei Ausgängen. Es folgt, in den Bauch des Kreuzbergs hineingetrieben, eine Reihe von **46 Bierkellern**, die eindrucksvoll belegen, welche Bedeutung das Brauereigewerbe hier in der Vergangenheit hatte. Seit 2014 gibt es in Keller Nr. 10 Kleinkunst und Konzerte zu sehen.

Blick vom Örtlturm zurück zur Burg

Die Kellergasse führt zum **Lanzenanger**, auf dem nach der Tschernobyl-Katastrophe im August 1986 das »5. Anti-WAAhnsinns-Festival« mit 100000 friedlichen Kernkraftgegnern und Rockfans stattgefunden hat, angelockt von Musikgrößen wie Udo Lindenberg und Herbert Grönemeyer. Ein Gedenkstein an der Kellergasse erinnert an dieses denkwürdige Ereignis, das dazu beigetragen hat, dass die Wiederaufbereitungsanlage in Wackersdorf nach jahrelangen Protesten schließlich aufgegeben wurde.

Über den Stadtgraben zum Kreuzberg

Auf der Kellergasse gehen wir anschließend zurück und biegen rechts in den **Stadtgraben** ein. Die alte **Stadtmauer** aus dem 16. Jahrhundert ist hier restauriert worden und in einem tadellosen Zustand. Erhalten sind neben der Fronveste, dem ehemaligen Gefängnis, auch zwei Wehrtürme, so der **Örtlturm** am Ende der Straße. Im Zuge der Stadtsanierung ist dort 2012 eine Kunstzeile mit vier Arbeiten von Oberpfälzer Künstlern entstanden. Besonders gefallen haben mir das Werk **»you-rope«** von Franziska Luber aus Kallmünz sowie der **»Badespaß«** von Theodor Holzer aus Regenstauf.

Der Stadtgraben mündet in den Kreuzbergweg, und da bietet sich für nimmermüde Wanderfreunde ein Abstecher auf den 421 Meter hohen **Kreuzberg** an. Kreuzwegstationen führen zur **Mariengrotte**, die man nach 15 Minuten erreicht hat, zu dem Wallfahrtskirchlein sind es dann nochmals zehn Minuten.

Über den Kreuzbergweg kommen wir wieder auf den Marktplatz, wir biegen gleich links neben dem *Restaurant sowieso* in die Straße »Am Graben« ein und schauen uns anschließend auf dem neu gestalteten **Europaplatz** um. Entstanden ist hier ein Zentrum für kulturelle Veranstaltungen. Mit der Kunstzeile am Stadtgraben gehört der Platz zu dem Gesamtprojekt »Europäische Meile« – auch das ein gelungener Beleg, dass Burglengenfeld eine »Stadt mit Zukunft« ist.

Die Oberpfalz ist vielschichtig und einmalig

Zum Abschluss des Rundgangs steht nun noch der Besuch des **Volkskundemuseums** in der Berggasse auf dem Programm – zuvor sollte man sich allerdings in einem der einladenden Wirtshäuser mit Oberpfälzer Bier und Schmankerln gehörig verwöhnen lassen.

Das Museum an der Pithiviers-Brücke ist in der ehemaligen **»Großen Kanzlei«** untergebracht, einem herrschaftlichen Gebäude aus dem 16. Jahrhundert. Während das Untergeschoss der Stadtgeschichte gewidmet ist, wird in den zwei Obergeschossen ein umfassender Einblick in Leben und Volkskultur der Oberpfälzer Bevölkerung gegeben. Alle Exponate, insgesamt über 6 000, sind übersichtlich geordnet, am Eingang zu den insgesamt 36 Räumen erläutert eine Tafel präzise, was den Besucher erwartet. Besonders eindrucksvoll wird vermittelt, wie das harte Arbeitsleben auf dem Feld sowie im Stall oder in der Scheune einst beschaffen war – noch Anfang des 20. Jahrhunderts arbeitete die Mehrheit der oberpfälzischen Bevölkerung in der Landwirtschaft. Besser und spannender kann ein Museum nicht gestaltet sein! Wer hier war, kennt fortan die Oberpfalz in all ihrer Vielschichtigkeit und Einmaligkeit.

Naturidylle in den Auen entlang der Naab

Burglengenfeld: ausgewählte Informationen und Highlights

Bürgerbüro Burglengenfeld, Marktplatz 2–6, 93133 Burglengenfeld
Tel. 0 94 71/70 18 11 u. /70 18 24, www.burglengenfeld.de

Oberpfälzer Volkskundemuseum, Berggasse 3
Tel. 0 94 71/60 25 83, Mi–Fr u. So 14.00–17.00 oder nach Vereinbarung

Heilpädagogisches Zentrum »Die Burg«, Auf der Burg 1
Tel. 0 94 71/70 00 oder /70 18 20 (für Burgführungen)
Führungen Mai–Okt jeden 2. So im Monat jeweils 10.00, 14.00 u. 16.00

Konditorei-Café Albrecht, Marktplatz 19
Tel. 0 94 71/61 86, Mo–Fr 6.00–18.00 u. Sa 6.00–12.00

Gasthof Zum Burgblick, Naabgasse 7
Tel. 0 94 71/7 03 40, www.burgblick.de
Mo u. Mi–So 10.00–24.00, Di Ruhetag

Hotel-Gasthof Drei Kronen, Hauptstr. 1
Tel. 0 94 71/8 05 81, www.gasthofdreikronen.de, Mi Ruhetag

Hotel-Café Drei Kronen, Hauptstr. 19
Tel. 0 94 71/7 03 30, www.hotel-cafe-dreikronen.de
Mo–Fr 7.30–18.00, So u. Fei 14.00–18.00, Sa Ruhetag

Restaurant sowieso, Marktplatz 24
Tel. 0 94 71/60 02 62, www.sowieso-bul.de
So–Do 8.30–1.00, Fr u. Sa 8.30–2.00

Margit Berwing-Wittl/Gabriele Blechschmid: Burglengenfeld. Eine Geschichte in Bildern. Horb 2. Aufl. 2007

Sebastian Karnatz/Sebastian Thomann/Stefan Effenhauser: Burglengenfeld – Gesichter einer Stadt. Burglengenfeld 2014

Stadt- und Erlebnisführung jeden 1. So im Monat, Treffpunkt am Georgsbrunnen
Alle 3 Jahre am 3. Aug-Wochenende Bürgerfest in der gesamten Altstadt mit bis zu 80 Bands auf 8 Bühnen
Italienische Nacht auf dem Marktplatz am letzten Sa im Juni, div. Veranstaltungen
Jeden Do Bauern- und Wochenmarkt am Unteren Marktplatz

15 Kallmünz

Die Perle des Naabtals

Ort:

Markt im Landkreis Regensburg. Knapp 3 000 Einwohner.

Geschichte:

Erste urkundliche Erwähnung 983. 1230 Erbauung der Burg auf dem Schlossberg. Kallmünz erhält 1283 das Marktrecht und wird Sitz eines Landgerichts sowie eines Pflegamts. Mit Ende des Landshuter Erbfolgekriegs fällt Kallmünz an das Herzogtum Pfalz-Neuburg. 1622 wird der Ort zur Hauptmünzprägestätte der Jungen Pfalz. 1641 Zerstörung der Burg durch die Schweden. Mit Beginn des 20. Jahrhunderts entwickelt sich Kallmünz zu einer Künstlerkolonie.

Sehenswürdigkeiten:

Burgruine auf dem Schlossberg. Barockkirche St. Michael. Rathaus. Steinerne Brücke. »Haus ohne Dach«. Viele Galerien und Ateliers. Zusammenfluss von Vils und Naab. Wallfahrtskirche St. Sebastian.

Dauer des Rundgangs:

Ohne Einkehr u. Galeriebesuch, aber mit Aufstieg zur Burgruine 2–3 Std.

Anfahrt:

ÖPNV: Mit dem Zug nach Regensburg, von dort mit Busline 15 oder 42 nach Kallmünz, Haltestelle »Friedhofplatz«.
Kfz: Auf der A 3 bis Ausfahrt 95 (»Beratzhausen«), anschließend über Dallackenried nach Kallmünz u. dort am »Friedhofplatz« oder »Am Graben« parken.

Künstlerkolonie seit über 100 Jahren

Es war Charles Johann Palmié, Professor an der Kunstakademie in München und erfolgreicher Landschafts- und Stilllebenmaler, der Kallmünz als »Perle des Naabtals« bezeichnet hat. Er war 1901 mit Studenten und Kollegen nach Kallmünz gekommen und von der landschaftlichen Schönheit des Ortes sofort hingerissen. Ihm folgte zwei Jahre später Wassily Kandinsky, ebenfalls mit einer Gruppe junger Maler, unter ihnen Gabriele Münter. Bis heute sind es weit über 200 Maler, die hier gewirkt und gearbeitet haben, unter anderem bedeutende Künstler wie Karl Schmidt-Rottluff und Oskar Koller. So ist denn Kallmünz, ähnlich wie Worpswede im hohen Norden, zu einer Künstlerkolonie mit inzwischen jeweils zehn Galerien und Ateliers geworden, zu einer einzigartigen Oase für Besucher, die ihre helle Freude an den Kunstobjekten haben, welche an allen Ecken und Enden zu finden sind.

Faszinierendes Panorama

Vom **Friedhofplatz** zur **Steinernen Brücke** sind es über die »Lange Gasse« nur ein paar Minuten. »Am Graben« ist die Brücke schon zu sehen, und sobald man sie erreicht hat, bietet sich dem Auge ein überwältigendes Panorama: hinter der Brücke das Alte Rathaus, der Turm von St. Michael, darüber die gewaltige Burgruine – kein Wunder, dass alle Maler, die hierherkamen, fasziniert waren und sofort mit dem Malen begannen.

Wie eine Perlenkette schmiegen sich die Häuser um den **Schlossberg** und spiegeln sich im Wasser der **Naab**, die sich unmittelbar hinter der Brücke mit der Vils vereint. Am besten wäre es, sich ein stilles Plätzchen zu suchen, um den Anblick in Ruhe

Der faszinierende Blick auf St. Michael und den Schlossberg

zu genießen. Schöner als hier kann das Zusammenwirken von Stadt, Fluss und Berg nicht sein!

Rathaus und St. Michael

Nachdem wir uns sattgesehen haben, überqueren wir die Brücke. Sie war im 16. Jahrhundert errichtet worden, die Wehrmacht sprengte sie 1945, nach Kriegsende wurde sie wiederaufgebaut – und braucht einen Vergleich mit der großen Schwester in Regensburg nicht zu scheuen. Auf der Brücke nickt uns der heilige Nepomuk freundlich zu.

Und schon sind wir auf dem **Marktplatz** und begutachten das schmucke **Alte Rathaus**. Im ersten Stock finden neuerdings wechselnde Ausstellungen statt, zuvor befand sich dort das *Oskar-Koller-Museum* – Kollers Mutter stammte aus Kallmünz.

Anschließend besuchen wir die **St.-Michael-Kirche**. Das im Rokokostil eingerichtete Gotteshaus entstand Mitte des 18. Jahrhunderts. Der **Hochaltar,** ein Werk des Kallmünzer Künstlers Mathias Zintl, zeigt den heiligen Michael als Fürst im Engelreich beim Höllensturz, und von demselben Künstler stammt auch das große **Deckengemälde** im Langhaus mit dem Höllensturz der abtrünnigen Engel sowie das Fresko mit der heiligen Dreifaltigkeit in der Chorkuppel. Besondere Kunstwerke sind zudem Kanzel und Orgel.

Idylle in der Vilsgasse

Hinter der Kirche führt ein schmaler Weg zur Burgruine. Den Aufstieg dorthin heben wir uns für später auf und nehmen erst einmal die **Vilsgasse** in Augenschein, die sich zwischen dem Schlossbergmassiv und der Vils dahinschlängelt. Die Häuser hier sind relativ alt und besitzen viel Flair. Etliche der Hausfassaden sind bemalt, immer wieder entdeckt man kleine und größere Kunstwerke, aus Stein, Holz oder Kupfer. Wir schlendern genussvoll und mit offenen Augen die Gasse entlang, um ja nichts zu übersehen.

Und dann geht es Schlag auf Schlag: rechter Hand, geschickt in die Felswand eingebaut, das inzwischen unbewohnte **»Haus ohne Dach«**, ein viel bestauntes und pittoreskes Fotomotiv. Auf derselben Straßenseite die **Galerie am Fels**, das *Galeriecafé Blaue*

Ein beliebtes Fotomotiv: das Haus ohne Dach

Lilie und die *Münter Stuben*, und überall erwarten den Besucher sehenswerte Kunstobjekte. Ein Stückchen weiter dann der **Gasthof Zur Roten Amsel**. In diesem »Künstlerheim« wohnte nicht nur Professor Palmié, der das drei Meter hohe Gemälde auf dem Hauptgiebel des Hauses geschaffen hat, sondern auch Kandinsky und Münter sowie viele andere Maler (bzw. Malschulen) waren hier einquartiert, angetan von der idyllischen Lage.

Auf der anderen Straßenseite liegt die **Vilsbrücke**, daneben die alte **Vilsmühle**, die 1622 zur Hauptmünzprägestätte für Pfalz-Neuburg umgebaut worden war und in der auch Medaillen wie die »Kallmünzer Hochzeitstaler« geprägt wurden, die der Münzmeister Paur zu Beginn des 17. Jahrhunderts geschaffen hatte. Vor der Brücke sind zwei **Bronzeplastiken** angebracht: eine Personengruppe, die unter höchster Anstrengung ein Boot den Fluss hinaufzieht, und ein kleines Transportschiff, die sogenannte »Plätte«, mit der einst Eisenerz auf der Vils von Amberg nach Regensburg befördert wurde. Auf der Vilsbrücke hat man einen schönen Blick in Richtung Burgruine, und zu der wollen wir jetzt unverzüglich aufbrechen.

Das Kallmünzer Wahrzeichen

Deshalb zurück zu St. Michael und dem unmissverständlichen Hinweis **»Zur Burg«** folgen. Es geht auf einem Zickzackweg steil bergauf, über viele und teilweise extrem hohe **Stufen**. An die 100 Höhenmeter müssen überwunden werden. Wanderstöcke wären da von Vorteil, aber Sicherheit bietet auch ein Eisengeländer, an dem man sich gut festhalten kann. Nach gut 20 bis 30 Minuten ist die mehrere Hektar große Anlage erreicht. Der 433 Meter hohe Bergsporn war bereits in der Bronzezeit als Fluchtpunkt genutzt worden; richtig ausgebaut und zu einer der größten Befestigungen in der Region wurde die Burg dann erst im Mittelalter. 1504 im Zuge des Bayerischen Erbfolgekriegs brannte sie ab, wurde wieder aufgebaut und schließlich im Dreißigjährigen Krieg von den Schweden völlig zerstört. Pfiffige Kallmünzer nutzten die Trümmer danach lange als Steinbruch.

Dennoch ist die Ruine für Romantiker auch heute noch ein echtes Highlight. Überwältigend der Blick auf Kallmünz, auf die malerische Oberpfälzer Felsenlandschaft und den Zusammenfluss von Naab und Vils. Aber nicht minder imponierend sind die Überbleibsel des zerstörten Mauerwerks. Am besten erhalten ist der 20 Meter hohe **Bergfried**, geschaffen aus 2,3 Meter starken Kalksteinquadern – der Turm kann im Sommer bestiegen

Die atemberaubende Aussicht von der Burg auf die Stadt und die Naab

werden. Zu allen wichtigen Teilen der Burg finden sich Erläuterungen, und auf diese Weise erfährt man, wo der Zwinger war, wo die Kapelle, die Zisterne, der Pallas, die Ringmauer. Es bietet sich an, eine längere Rast einzulegen, zumal an Sonn- und Feiertagen bei warmem Wetter ein **Freiluftcafé** nachmittags für ein paar Stunden geöffnet hat.

Auf demselben Weg geht es danach wieder nach unten. Kurz vor der Kirche biegen wir links in den »Bergsteig« ein, der in den »Wasserweg« mündet. Anschließend rechts zur »Brunngasse«, und dann stehen wir auch schon wieder vor dem **Rathaus**. Der kleine Umweg hat uns vertraut gemacht mit den engen Gässchen von Kallmünz. Da stehen kleine Häuschen mit winzigen Gärten und mannshohen Mauern, überall Blumen und viel Grün, nirgendwo Platz für ein Auto – eine Atmosphäre wie in einem mediterranen Bergdörfchen.

Abschluss auf der Wallfahrtskirche

Der eine oder andere wird nunmehr vielleicht am Marktplatz in das **Eiscafé** einkehren, während für den großen Hunger eher ein Gasthaus in der Vilsgasse in Betracht kommen dürfte. Verlockende Wirtshäuser gibt es auch auf der anderen Seite der Naab, so zum Beispiel den *Goldenen Löwen*, *Gasthaus Bürstenbinder* oder das *Weiße Rössl.* Die Suche nach einem Gasthaus ließe sich auch mit einem unbeschwerten Bummel durch die **Alte Regensburger Straße**, entlang der »Langen Gasse« oder »Am Graben«, »Am Gänsbügl« und »Am Planl« verbinden, denn auch dort gibt es einige sehr schöne Häuser.

Wieder am **Friedhofplatz** könnte für historisch interessierte Besucher abschließend die kleine **Wallfahrtskirche St. Sebastian** (»Am Auberg«) verlockend sein. Da Kallmünz 1713 von der drohenden Pestepidemie verschont geblieben war, erbauten die Bürger ihrem Lieblingsheiligen die »Pestkapelle« am Ortsrand des Marktes. Vom Friedhofplatz über die Postgasse und den Schulweg sind es etwa zehn Minuten bis zu den modernen, von einem ansässigen Künstler geschaffenen **Kreuzwegstationen**, die in wenigen Gehminuten zu dem Kirchlein mit ansprechender barocker Innenausstattung hinaufführen. Sollte die Kapelle verschlossen sein, kann man in dem Haus nebenan um Öffnung bitten.

Kallmünz: ausgewählte Informationen und Highlights

Fremdenverkehrsverein Kallmünz e. V., Vilsgasse 42, 93183 Kallmünz
Tel. 0 94 73/4 21, www.kallmuenz.de

Zum Goldenen Löwen, Alte Regensburger Str. 18
Tel. 0 94 73/3 80, www.luber-kallmuenz.de
Mi–So u. Fei ab 18.00, So u. Fei auch ab 11.00, Mo u. Di Ruhetag

Zum Bürstenbinder, Am Graben 5
Tel. 0 94 73/85 52, tägl. 11.00–23.00

Zum Weißen Rössl, Alte Regensburger Str. 1
Tel. 0 94 73/2 34,
Mo u. Mi–So 11.00–14.00 u. 17.00–22.00, Di Ruhetag

Zur Roten Amsel, Vilsgasse 46
Tel. 0 94 73/2 93, www.zur-roten-amsel.de
Sommer Di–Fr u. So (Öffnungszeiten telef. erfragen), Mo u. Sa Ruhetag
Winter So u. Fei auf Anfrage

Galerie-Café Blaue Lilie, Vilsgasse 34
Tel. 0 94 73/95 00 55, www.blaue-lilie.de
Ostern–Allerheiligen Mo–Fr 12.00–20.00, Sa, So u. Fei 12.00–21.00
Allerheiligen–Ostern Sa, So u. Fei 12.00–20.00

Münter-Stuben, Vilsgasse 34
Tel. 0 94 73/14 80, www.muenter-stuben.de
Sa u. So 11.30–23.00

Oldtimer-Treffen am 1. Juni-Wochenende

Alle drei Jahre Brückenfest am 3. oder 4. Juli-Wochenende, das nächste Fest 2018

Zweijährige KUNST-SCHAU-NACHT im Apr/Mai, wieder 2017 u. 2019

Stadt- u. Burgführungen können über den Fremdenverkehrsverein (s. oben) gebucht werden.

Parsberg und Lupburg

16

Zwei Kleinode im Oberpfälzer Jura

Orte:

Parsberg ist die viertgrößte Stadt im Landkreis Neumarkt mit rund 6 500 Einwohnern. Lupburg hat 2 400 Einwohner.

Geschichte Parsberg:

Erste urkundliche Erwähnung 933. Von da an haben die Herren von Parsberg knapp 525 Jahre lang das Sagen. Im Dreißigjährigen Krieg zerstören die Schweden große Teile von Parsberg. 1571 und 1841 brennt der Ort nahezu komplett ab. 1730 fällt Parsberg an die Grafen von Schönborn und wird 1806 bayerisch. Der Anschluss an den Schienenverkehr Ende des 19. Jahrhunderts führt zu wirtschaftlichem Aufschwung. 1952 wird Parsberg zur Stadt erhoben.

Sehenswürdigkeiten:

Burg und Schloss Parsberg. Burg-Museum. Kirche St. Andreas. Stadtpark mit Kapelle, Kinderspielplatz und Picknickwiesen. Burg im »Golddorf« Lupburg.

Dauer des Rundgangs:

Mit Museumsbesuch und Spaziergang nach Lupburg, aber ohne Einkehr, gut 3 Std.

Anfahrt:

ÖPNV: Mit dem Zug von Nürnberg bzw. von Neumarkt zum Parsberger Bhf.
Kfz: Auf der A 3 bis Ausfahrt 94 (»Parsberg«), von da zum Bhf-Parkplatz.

Über Jahrhunderte hatten die Herren von Parsberg die Geschicke des Ortes bestimmt – und das sehr erfolgreich. Etliche der adeligen Parsberger brachten es erstaunlich weit, so zum Beispiel zu Bischöfen von Eichstätt und Regensburg sowie zum Reichsschultheiß von Nürnberg. Andere wurden zu Pflegern in Kehlheim, Hersbruck, Hohenburg und Beilngries oder zu Rittern an den Höfen Dänemarks und Lothringens – die Parsberger haben somit die Geschichte Dänemarks über Jahrhunderte mitbeeinflusst. Wieder andere schafften es zum Domherrn in Eichstätt, Regensburg und Freising. Das hatte zur Folge, dass der Parsberger Adel mit fast allen berühmten Häusern der Region verbunden war.

Burgmauer und Bergfried der alten Parsberger Burg

Die hoch über dem Ort thronende Burganlage mit ihren markanten Doppeltürmen, Stammsitz der Herren von Parsberg, ist das viel bewunderte Wahrzeichen der Stadt, und diesem großartigen Bauwerk werden wir gleich unsere besondere Aufmerksamkeit schenken.

Schloss und Museum

Vom **Bahnhofsgelände** ist es nicht weit zu dem gegenüberliegenden griechischen Gasthaus *Taverne Korfu*, und von hier aus beginnen wir auf der **Bergstraße** mit dem Aufstieg in das Stadtzentrum. Es sind etliche Höhenmeter zu überwinden, denn die Stadt ist auf einer Jurakuppe angelegt, und da kann man ganz schön ins Schwitzen kommen. Bevor die Bergstraße in die Burgstraße mündet, orientieren wir uns nach links und stehen kurz darauf vor den gewaltigen Mauern der Parsberger **Burg**, die zuletzt im Dreißigjährigen Krieg von den Schweden zerstört wurde. Aber die Ruine mit dem dahinterliegenden mächtigen **Bergfried** beeindruckt noch immer.

Wir gehen weiter und erreichen einen großzügig angelegten Parkplatz. Linker Hand eine größere Waldfläche, die als

Parkanlage genutzt wird, rechter Hand die eleganten Doppeltürme des **Renaissanceschlosses**. Über mehrere Treppen betreten wir den Innenhof des Unteren Schlosses. Dort finden die jährlichen »Parsberger Burgspiele« statt, und dort ist das Parsberger **Burg-Museum** untergebracht.

Ein Besuch dieser Ausstellung sollte auf keinen Fall versäumt werden. Anhand zahlloser Exponate wird nicht nur anschaulich

Das Parsberger Schloss mit dem markanten Doppelturm

in die Vor- und Frühgeschichte der Region eingeführt, sondern der Besucher erfährt auch Genaueres über die Entwicklung der Stadt sowie über das Leben des Parsberger Rittergeschlechts. Zudem, und das dürfte ziemlich einmalig sein, ist im Obergeschoss des Museums die Epoche der deutschen Geschichte von der Reichsgründung unter Bismarck bis zum Ende des Zweiten Weltkriegs anschaulich dokumentiert. Eine Treppe führt ins Obere Schloss, das mit Rittersaal und Bergfried aufwartet.

Von St. Andreas zur Marktstraße

Auf steilen Steinstufen geht's hinunter zum **Kirchplatz**, in der Mitte ist ein Kriegerdenkmal. Der Blick von hier auf die **St.-Andreas-Kirche**, die links von den Doppeltürmen des Schlosses und rechts von der schmucken Pfarrhausfassade flankiert wird, ist einfach grandios. Die neubarocke Innenausstattung von St. Andreas ist keine 100 Jahre alt, der Turm hingegen stammt vom Vorgängerbau und entstand in den 1730er-Jahren. Der **Hauptaltar** zeigt das Martyrium des Schutzpatrons, eingerahmt von den Aposteln Jakobus und Judas Thaddäus. Sehr schön sind die **Deckengemälde**, besonders die Szene, in der Jesus seine Jünger ermahnt, »Menschenfischer« zu werden.

Wir verlassen den Kirchplatz über die Badergasse und schlendern anschließend rechts auf der **Marktstraße** ins Zentrum der Stadt und weiter die Dr.-Boecale-Straße entlang, in der man herrlich einkaufen kann. Schon müde oder hungrig? Dem könnte im **Romantik Hotel Hirschen** leicht Abhilfe verschafft werden.

Per pedes nach Lupburg

Schon immer hat Parsberg seinen ganz besonderen Reiz als Ausgangspunkt für beliebte Wanderungen gehabt. Der 20 Kilometer lange **»Malerweg«**, so genannt, weil auf dieser Strecke etliche Künstler Bilder gemalt haben, führt durch tiefe Täler und entlang steiler Trockenhänge zur Schwarzen Laber. Und der **»G'schichtenweg«** (15 Kilometer) verdankt seinen Namen der Tatsache, dass auf Tafeln allerlei Sagen und Anekdoten aus der Gegend erzählt werden.

Vorzuziehen und wesentlich kürzer wäre da allerdings ein Abstecher in das nahe Lupburg, das von 1978 bis 2002 der Verwaltungsgemeinschaft Parsberg angehörte. Nachdem der Ort bei dem bayerischen Wettbewerb »Unser Dorf soll schöner werden« mit einer Goldmedaille und 2006 mit einem »Europäischen Dorferneuerungspreis« ausgezeichnet wurde, gilt Lupburg als »Golddorf«.

Vom Parsberger Rathaus an der Ecke Marktstraße/Alte Seer Straße sind es bis Lupburg zu Fuß nur zwei Kilometer, und die sind in rund 30 Minuten leicht zu bewältigen – Autofahrer schaffen es natürlich schneller.

Wir gehen vom **Rathaus** aus die **Lupburger Straße** entlang, vorbei am Friedhof rechts sowie am Kreiskrankenhaus und Sportplatz links; nach Durchquerung der Bahnunterführung biegen wir links ab, umgehen die Skateranlage und stapfen wohlgemut auf dem asphaltierten Fußweg **Richtung »Golddorf«**. Wir kommen gut voran und sind begeistert von der Landschaft mit den vielen bewaldeten Jurakuppen ringsum. Kurz nach dem Lupburger Ortsschild biegen wir zunächst rechts in die Degerndorfer und anschließend links in die Parsberger Straße ein, die Lupburger Burg und den Zwiebelturm der Kirche schon klar im Visier.

Nach ein paar Minuten stehen wir vor dem alten **Lupburger Rathaus**, einem ehemaligen Schulgebäude, und gegenüber links entdecken wir einen Maria gewidmeten **Gusstrog-Brunnen** aus dem Jahr 1874, dahinter eine kleine **Nepomuk-Kapelle**. Die

Marienbrunnen und Nepomuk-Kapelle in Lupburg

Der Blick auf Lupburg von der Aussichtskanzel der Lupburger Burgruine

Weißgerberstraße mündet in die Marktstraße, die uns flugs zur St.-Barbara-Kirche bringt.

Der Lupburger Ortskern

Der etwa 2400 Einwohner zählende Ort ist ein Schmuckkästchen – die meisten Häuser sind liebevoll herausgeputzt, oftmals mit einem gepflegten Garten davor, die Straßen eng und verwinkelt, überall Blumen. Die seit 1989 umgesetzte Dorferneuerung hat wahre Wunder bewirkt; Lupburg hat den Charme eines mediterranen Bergdorfs im sonnigen Süden, und noch wird weiter fleißig renoviert. Gut nachvollziehbar, dass der Ortskern mit Burg und Kirche inzwischen unter Ensembleschutz steht.

Bevor wir zur Burg hinaufsteigen, werfen wir einen Blick in die Lupburger Kirche. **St. Barbara** ist bereits 1367 urkundlich belegt. Der bildschöne Turm entstand 1599. Der im Kern gotische Innenraum ist barock ausgelegt, besonders schön ist der farbenfrohe **Hochaltar** mit den zwei Nebenaltären und überaus beeindruckend das wuchtige **Tonnengewölbe**. Nicht übersehen sollte man an der Langhausinnenwand die Rotmarmorplatte mit einer lebensgroßen **Ritterfigur** im Plattenharnisch.

Ähnlich wie Parsberg wurde auch Lupburg einst von einem einheimischen Adelsgeschlecht regiert, allerdings nur bis 1313, als mit Konrad von Lupburg, der ab 1296 Bischof von Regensburg war, der Letzte seines Stammes starb und der Ort später an die Parsberger verpfändet wurde. Auch die **Lupburger Burg**, zu der wir jetzt hinaufsteigen, hatte ein ähnliches Schicksal wie die Parsberger Burg, denn sie wurde 1632 ebenfalls von den Schweden größtenteils zerstört.

Lange Zeit war die Burg eine – wenn auch sehenswerte – Ruine. In den letzten Jahren entstand allerdings ein neues Burggebäude, in das inzwischen das **Rathaus** umgezogen ist. Auf dem Stumpf der alten Burg wurde eine **Aussichtsplattform** errichtet, von der man einen herrlichen Weitblick hat, nicht nur auf Lupburg und Parsberg, sondern auch auf die Jurakuppen ringsum, die deutlich machen, warum Parsberg (und in gewissem Sinn auch Lupburg) zur »Hauptstadt des Oberpfälzer Jura« erklärt worden ist.

Zurück nach Parsberg

Berauscht von der Anmut des kleinen Ortes und der Schönheit der Jura-Landschaft, wird uns abschließend eine Ruhepause guttun, wahrscheinlich verbunden mit einer erquickenden Einkehr. Auch da hat Lupburg allerhand zu bieten. Wer den Rückweg nach Parsberg scheut, kann kurz nach 16 Uhr mit der Buslinie 545 von einer Haltestelle an der Hohenfelser oder Parsberger Straße zum Parsberger Bahnhof fahren. Wer lieber zu Fuß unterwegs ist, nimmt dieselbe Strecke wie auf dem Herweg, biegt aber nach Durchquerung der Bahnunterführung rechts in die Bahnhofstraße ein und ist anschließend in wenigen Minuten am Ausgangspunkt des Rundgangs.

Parsberg u. Lupburg: ausgewählte Informationen und Highlights

Touristikverband Parsberg-Lupburg e. V.,
Alte Seer Str. 2, 92331 Parsberg
Tel. 0 94 92/90 57 67, www.parsberg.de u. www.lupburg.de

Parsberg

Burg-Museum, Burgstr. 24
Tel. 0 94 92/15 05
Di–Do 10.00–12.00 u. 14.00–16.00, Fr 10.00–12.00
So u. Fei 14.00–16.30, u. nach telef. Vereinbarung

Romantik Hotel Hirschen, Marktstr. 1a
Tel. 0 94 92/60 60, www.hirschenhotels.de
Tägl. 12.00–22.00

Gasthaus Zum Goldenen Kreuz, Marktstr. 12
Tel. 0 94 92/90 52 10
Mo u. Mi–Sa 11.00–14.00 u. 17.00–22.00
So u. Fei 10.00–15.00 u. ab 16.00, Di Ruhetag

Taverne Korfu, Singerstr. 22,
Tel. 0 94 92/50 23
Di–So 11.00–14.00 u. 17.00–24.00, Mo Ruhetag

Lupburg

Gasthaus Auf da Sunnasaitn, Kirchplatz 3, 92331 Lupburg
Tel. 0 94 92/60 03 91
Di–Sa 12.00–18.00, So 13.00–18.00, Mo Ruhetag

Gasthaus Sippl-Stodl, Hohenfelser Str. 11a
Tel. 0 94 92/6 00 19 87, www.sipplstodl.de
Mo, Di u. Do–Sa 17.30–23.00, So u. Fei 10.00–22.00, Mi Ruhetag

Mittelalterfest »spectaculum nordgavia« auf der Burg Parsberg im Mai
Burgspiele Parsberg im Juli
Parsberger Volksfest um den 4. So im Aug
Lupburger Burgfest an einem Juli-Wochenende
Parsberger Burgweihnachten am letzten Nov-Wochenende
Lupburger Weihnachtsmarkt am 1. Dez-Wochenende

Berching

17

Ein mittelalterliches Juwel

Ort:

Stadt im Landkreis Neumarkt. 9 000 Einwohner, davon im Ortskern rund 3 000.

Geschichte:

Erste urkundliche Erwähnung im Jahr 883. Der Ort fällt 912 an die Bischöfe von Eichstätt und erhält 1245 das Marktrecht, 1314 das Stadtrecht. Anschließend Ausbau der Wehrmauer mit 4 Toren und 13 Türmen. 1802 fällt die Stadt an das Kurfürstentum Salzburg und wird 1806 bayerisch. 1846 Anschluss an die Regionalbahn Neumarkt–Beilngries. 1992 Eröffnung des Main-Donau-Kanals in Berching.

Sehenswürdigkeiten:

Teilweise begehbare Wehrmauer. Vier Stadttore. Pettenkofer- und Reichenauplatz mit grandiosen Bürgerhäusern. Kirche St. Lorenz und Pfarrkirche Mariä Himmelfahrt. Heimat- und Gluck-Museum. Main-Donau-Kanal und alter Ludwig-Kanal. Historische Stampfermühle. Kloster Plankstetten.

Dauer des Rundgangs:

Mit Museumsbesuch, aber ohne Wirtshauseinkehr, gut 2 Std.

Anfahrt:

ÖPNV: Mit der Bahn nach Neumarkt, anschließend mit Buslinie 515 oder 520 nach Berching, Haltestelle »Neumarkter Tor«.
Kfz: Auf der A 3 bis Ausfahrt 92 (»Neumarkt«), anschließend auf der B 299 nach Berching, oder auf der A 9 bis Ausfahrt 57 (»Greding«), von dort über Greding, Attenhofen, Landerzhofen, Litterzhofen u. Fribertshofen nach Berching; Parken an der Bushaltestelle »Neumarkter Tor«.

Die Stadt wird umschlungen vom alten Ludwig-Kanal im Osten und dem Main-Donau-Kanal im Westen; und die Sulz, ein Nebenfluss der Altmühl, fließt gemächlich zwischen Vor- und Innenstadt. Sehenswert ist Berching vor allem dank der komplett erhaltenen Wehrmauer, die der Stadt nicht zu Unrecht den Titel »Oberpfälzer Rothenburg« eingebracht hat. Und dann ist Berching auch die Geburtsstadt des großen Komponisten

Christoph Willibald Gluck, der mit etlichen seiner Opern in Wien, Paris und London für Furore gesorgt hatte. Darum: Wer Berching nicht kennt, kennt die Oberpfalz nicht!

Vom Neumarkter zum Mittleren Tor

Von der gleichnamigen Bushaltestelle sind es nur ein paar Schritte zum **Neumarkter Tor**, das wir durchschreiten, und damit befinden wir uns in der Berchinger Vorstadt, dem ältesten Stadtteil. An der Innenseite des Tors erinnert ein Hecht in einem Vogelbauer an die urige Geschichte vom **»Berchinger Hecht«**, nach der die Bürger, so die Sage, einen Hecht irrtümlich für einen Vogel hielten und in einen Käfig sperrten in Erwartung, das verängstigte Tier würde irgendwann zu singen anfangen.

Wir schlendern auf der **Bahnhofstraße** gemütlich weiter. Am *Hotel zur Post* biegen wir rechts in die Straße »An der Johannesbrücke« ein und werfen einen Blick in die **St.-Lorenz-Kirche**, deren Anfänge in das 11. Jahrhundert zurückreichen. Als die Schweden im Dreißigjährigen Krieg den Ort plünderten und weitgehend zerstörten, blieb St. Lorenz unversehrt. Der **Hochaltar** mit Schnitzarbeiten aus der Zeit um 1500 entstand nach Nürnberger

Das romantische Sulzflüsschen an der Johannesbrücke

Vorbild; die zwei **Seitenaltäre** enthalten ebenfalls Szenen aus dem Leben des Stadtpatrons Laurentius und können nach Meinung der Historiker aus der Werkstatt Albrecht Atzenhofers stammen. Etwas Außergewöhnliches ist auch die 1850 von Johann Michael Bittner gebaute **Orgel**, inzwischen vom *Bayerischen Landesamt für Denkmalpflege* als »Denkmal-Orgel« gewürdigt.

Kurz nach der Kirche erreichen wir die **Johannesbrücke** mit einer Nepomuk-Figur und genießen den schönen Blick auf die Sulz. Nach der Brücke folgt linker Hand das *Heimatmuseum*. Am Ende des Rundgangs werden wir uns einen Besuch des Museums nicht entgehen lassen.

Und dann stehen wir auch schon vor dem **Mittleren Tor**. Der imposante Vorbau ist mit zwei Fürstbischöflichen Wappen versehen. Das obere Wappen steht für Fürstbischof Johann Euchar, das untere Wappen für Wilhelm von Reichenau, dem die Stadt den vorbildlichen Ausbau der Stadtmauer zu verdanken hat.

Der Pettenkoferplatz

Wir betreten jetzt die historische **Altstadt**, und wer zum ersten Mal in Berching ist, wird aus dem Staunen nicht herauskommen. Denn der **Pettenkoferplatz**, auf dem wir uns jetzt befinden, ist von einer unglaublichen Pracht und Vielfältigkeit: Das Mittlere Tor ist eingerahmt von prachtvollen Fachwerkhäusern, dahinter die Spitze des **Ziegelturms**. Neben dem Tor das Berchinger **Rathaus**, 1693 von dem Weinhändler Pettenkofer als Geschäftshaus errichtet und seit 1795 im Besitz der Stadt. Davor ein origineller **Brunnen** mit vielerlei Anspielungen auf die abwechslungsreiche Geschichte Berchings; so steht die Bischofsfigur für die 900-jährige Stadtherrschaft, der Fisch für die Legende vom singenden Hecht, und die Treidel-Pferde erinnern an die Lage der Stadt am alten Ludwig-Kanal. Beiderseits des Platzes herrliche **Giebelhäuser**, zum Teil fünf Stock hohe Speicherbauten; daneben behäbige Gasthäuser mit aufwendigen Wirtshausschildern, die Fassaden geschmückt mit Erkern und Madonnenbildern. Am schönsten und glanzvollsten links die **Stadtapotheke**, 1681 als Weinwirtschaft gebaut, dann eine Zeit lang von der Familie Pettenkofer bewohnt und seit 1769 schließlich als Apotheke genutzt. Auf der rechten Seite des Platzes fällt sofort der **Gasthof Blaue Traube** ins Auge.

Am besten wäre es, bis zum **Hutterhaus** zu laufen, dann umzukehren und, falls erste Ermüdungserscheinungen auftreten, ein ruhiges Plätzchen zu suchen und sich an der wunderbaren Umgebung zu erfreuen. Eine Begehung des Reichenauplatzes heben wir uns für später auf.

Von Turm zu Turm rund um die Stadt

Für viele Besucher ist die vollständig erhaltene Stadtmauer die eindrucksvollste Sehenswürdigkeit Berchings. Zuvor wollen wir aber noch die **Kirche Mariä Himmelfahrt** kennenlernen, die über die Kirchgasse und gegenüber der *Blauen Traube* erreichbar ist. Das mehrmals umgebaute und Mitte des 18. Jahrhunderts erheblich erweiterte Gotteshaus gilt als eines der architektonisch anspruchsvollsten im Bistum Eichstätt. Von der barocken Innenausstattung gefallen uns besonders die Deckengemälde und die reichen Rocaille-Stukkaturen.

Anschließend gehen wir schnurstracks zum Mittleren Tor, biegen links in den **Ringmauerweg** ein und gleich danach rechts den Wehrgang hinauf, der von hier bis zum Pulverturm begehbar ist – wem dies zu anstrengend sein sollte, bleibt unten auf dem Ringmauerweg. Vom **Wehrgang** haben wir freien Blick auf die Altstadt, durch die Schießscharten können wir auf die Vorstadt schauen. Wer über 1,80 Meter groß ist, muss ab und zu den Kopf einziehen, um nicht mit einem der Querbalken Bekanntschaft zu machen. Am **Pulverturm**, so genannt, weil dort einst die Munition gelagert wurde, steigen wir auf den Ringmauerweg hinunter und erblicken im Osten den **Dachsenturm**, gen Westen den **Chinesenturm** und das Zechhäusl, eingebaut im Mauerwerk. Auf der anderen Seite der Stadtmauer liegt der **Hollnberger Park**, eine liebevoll angelegte Ruhezone.

Wir schlüpfen durch den Mauerdurchbruch am Pulverturm und sind nun außerhalb der Stadtmauer, deren Wehrhaftigkeit erst jetzt deutlich wird. Wohl nur in Rothenburg und Dinkelsbühl sind in der Region ähnlich trutzige Befestigungsanlagen zu bewundern.

Nach dem schon erwähnten Chinesenturm, erkennbar an dem pagodenartigen Dach, sowie nach dem **Zechhäusl** erreichen wir den spitzen **Frauenturm**, in dem früher ein Pranger für »streitsüchtige Weibsbilder« gewesen sein soll.

Die Sulz vor der neu gestalteten Stadtmauer

Wir folgen der Stadtmauer nach links, vorbei am **Biersiederturm**, und erreichen das **Gredinger Tor**, den Eingang zum Reichenauplatz. Der Rundgang wird entlang der Stadtmauer auf der **Uferpromenade** fortgesetzt, und dann kann man zu dem 1992 in Betrieb genommenen Main-Donau-Kanal weitergehen. Vielleicht fährt gerade die »Walhalla« auf der Tour von oder nach Beilngries vorbei.

Wir gehen am Kanal entlang; von der auf einem Pfeiler aufgehängten Fußgängerbrücke sind es nur vier Kilometer bis zur **Benediktinerabtei Plankstetten**. Vielleicht hat der eine oder andere ja nach dem Stadtrundgang Zeit und Lust, den einstündigen Weg dorthin zu unternehmen; es lohnt sich, das alte Kloster zu besichtigen und die von den Mönchen nach *Bioland*-Richtlinien erzeugten Produkte zu probieren. In unmittelbarer Nähe des Klosters ist im Übrigen auch eine Bushaltestelle der Linie 515.

Zum Reichenauplatz

Wir wenden uns vom Kanal wieder der Stadtmauer zu und finden an der Südwestecke der Mauer, am **Amtsknechtturm**, dem früheren Gefängnis, eine kleine Maueröffnung. Einfach hindurch und dann rechts in den **Landsknechtsweg** einbiegen. Die Häuser sind hier, ganz anders als auf dem Pettenkoferplatz, sehr klein und höchstens zweigeschossig, denn hier wohnten einst die Tagelöhner, die sich kostspielige Wohnungen nicht leisten konnten.

In Höhe des **Bildhauerturms** biegen wir links in die Malergasse ein und erreichen über die Stadtschreibergasse den **Reichenauplatz**.

Das prächtige **Hutterhaus** am Eck mit einem Birnbaum und einem Erker an der Ostfassade fällt uns sofort auf. Auch alle anderen Häuser auf dem Reichenauplatz sind formschön und stattlich, viele mit Spitz- und Stufengiebeln, gebaut von wohlhabenden Händlern und Wirten. Besonders prächtig sind der *Gasthof Dallmayr* und der *Brauerei-Gasthof Winkler*.

Ein solide eingerahmter **Stadtbach** durchfließt den Platz. Am besten geht man mit offenen Augen auf und ab und hält dabei hier Ausschau nach einem geeigneten Wirtshaus. Denn inzwischen sind wir über eine Stunde auf den Beinen, und da ist eine längere Pause einfach unvermeidlich!

Mittleres Tor, Café Plank und Ziegelturm (nicht im Bild) ergeben ein herrliches Ensemble.

Vom Heimatmuseum in die Vorstadt

Gestärkt und erholt brechen wir anschließend zum bereits erwähnten **Heimat- und Gluck-Museum** an der Johannesbrücke auf. Neben der Sammlung alter Bauernmöbel und diverser Gegenstände aus dem Alltagsleben früherer Generationen ist vor allem die 20-minütige Multimedia-Schau über den größten Sohn der Stadt überaus sehenswert. **Christoph Willibald Gluck** erblickte im Berchinger Ortsteil Erasbach das Licht der Welt und wurde zu einem der berühmtesten deutschen Opern-Komponisten. Musikfreunde werden von diesem Museum begeistert sein!

Bevor wir die Rückfahrt antreten, bleibt bestimmt noch Zeit für einen Bummel durch die Berchinger **Vorstadt**. Deshalb zur Bahnhofstraße und rechts auf der St.-Lorenz-Straße zum **Beilngrieser Tor**, dem früheren Siechentor, das einst so hieß, weil es im Mittelalter den Zugang zum Siechenhaus außerhalb der Stadt ermöglichte. Wir halten uns unmittelbar nach dem Tor links und haben linker Hand die alte **Vorstadtmauer**, die sehr viel kleiner ist als die Befestigungsanlage der Innenstadt.

Kurz darauf, der Vorstadtmauer folgend, stoßen wir rechts auf den **Alten Kanal**, benannt nach König Ludwig I. Die 172 Kilometer lange Wasserstraße war 1846 nach fast 10-jähriger Bauzeit eröffnet worden. Doch das 18 Millionen Gulden teure Bauprojekt erwies sich infolge des beginnenden Eisenbahnzeitalters bald als ziemlich unrentabel und wurde kaum noch genutzt. Anmutig, ja traumhaft schön ist der von mannshohem Schilfrohr umrahmte Alte Kanal gleichwohl noch immer.

Wir stapfen vergnügt bis zum **Neumarkter Tor**, dem Ausgangspunkt des Rundgangs, und werfen, bevor wir mit dem Bus bzw. mit dem Auto die Heimfahrt antreten, einen letzten Blick auf die historische **Stampfermühle** an einem Seitenarm der Sulz. Das anno 1628 errichtete – und inzwischen denkmalgeschützte – Gebäude mit seinem schmucken Treppengiebel ging 1693 in den Besitz der Familie Pettenkofer ein und ist derzeit ein respektables Hotel.

Berching: ausgewählte Informationen und Highlights

Tourismusbüro Berching, Pettenkoferplatz 12, 92334 Berching
Tel. 0 84 62/2 05 13, www.berching.de

Heimat- und Gluck-Museum, An der Johannesbrücke 2
Tel. 0 84 62/2 05 13, www.gluckstadt-berching.de
Mai–Sep Di–Fr 13.30–16.30, Sa u. So 10.00–12.00 u. 13.30–16.30
Okt tägl. 13.30–16.00, Nov–Apr geschl., freier Eintritt

Gasthof Blaue Traube, Pettenkoferplatz 3
Tel. 0 84 62/12 50, www.hotel-blauetraube.de
Mo, Di u. Do–So 7.30–24.00, Mi Ruhetag

Brauerei-Gasthof Winkler, Reichenauplatz 22
Tel. 0 84 62/2 73 31, www.brauereigasthof-winkler.de
Mo u. Mi–Sa 10.00–23.00, So 10.00–15.00, Di Ruhetag

Café Mittelbach, Reichenauplatz 2
Tel. 0 84 62/10 35
Mo, Di, Do u. Fr 6.00–18.00, Sa 6.00–17.00, So 10.00–18.00, Mi Ruhetag

Bäckerei-Café Plank, Pettenkoferplatz 10
Tel. 0 84 62/17 40, Mo–Sa 6.00–18.00, So 7.00–18.00

Stadt Berching (Hg.): Stadt Berching – Raum zum Leben. Berching 2011

Berchinger Rossmarkt am Mi nach Lichtmess im Feb, das größte Wintervolksfest der Oberpfalz mit mehr als 100 Pferden und über 15 000 Besuchern

Ende Juli Berchinale des Lichts und Kanal im Feuerzauber

Während der Fastenzeit Ölbergandachten in St. Lorenz

1. Mai bis Anfang Okt Di–Do, Sa, So u. Fei je drei Schifffahrten von Berching nach Beilngries mit »MS Walhalla«. Kontakt Tel. 0 94 41/32 01, www.schifffahrt-steibl.de

Beratzhausen

18

Eine Perle im Tal der Schwarzen Laber

Ort:

Markt im Landkreis Regensburg. Knapp 5 600 Einwohner.

Geschichte:

Erste urkundliche Erwähnung 866. Um 1024 soll in Beratzhausen ein Königshof bestanden haben. Im 13. Jahrhundert fällt der Ort zunächst an das Geschlecht der Ehrenfelser, deren Burg nordwestlich von Beratzhausen liegt. 1335 erwerben die Stauffer aus Heideck die Burg und knapp 100 Jahre später auch den Ort Beratzhausen. Mitte des 14. Jahrhunderts ist bereits das Marktrecht nachgewiesen. 1521 entsteht durch die Ehrenfelser Herrschaft die erste geschlossene evangelische Region in Deutschland. 1530 lebt Paracelsus ein Jahr lang in Beratzhausen. Der Ort fällt 1568 an die Pfalz-Neuburg. 1620 Einzug der Gegenreformation, viele Einwohner wollen nicht katholisch werden und wandern aus. Im Dreißigjährigen Krieg schwere Verwüstungen. 1777 wird Beratzhausen bayerisch. Mit dem Bau der Bahnlinie Nürnberg–Regensburg wirtschaftlicher Aufschwung. Nach 1945, v. a. mit dem Zustrom vieler Heimatvertriebener, verdoppelt sich die Einwohnerzahl. 2005 verleiht der Europarat in Straßburg Beratzhausen für seine Verdienste um Europa die »Europaplakette«.

Sehenswürdigkeiten:

Rathaus am historischen Marktplatz. Zehentstadel mit Paracelsus-Figur. St. Peter und Paul. Wallfahrtskirche Maria Hilf. Skulpturenpark entlang der Schwarzen Laber. Burgruine Ehrenfels. Friesenmühle auf dem Mühlenwanderweg.

Dauer des Rundgangs:

Ohne Einkehr und abhängig davon, welcher Wanderweg gewählt wird, 2–3 Std.

Anfahrt:

ÖPNV: Mit dem Zug von Regensburg bzw. Nürnberg zum Bhf. in Beratzhausen.
Kfz: Auf der A 3 bis Ausfahrt 95 (»Beratzhausen«) oder 96 (»Laaber«) und anschließend zum Parkplatz am Bhf.

Lieblich eingebettet in das Tal der Schwarzen Laber bietet Beratzhausen eine wahre Naturidylle, von der aus man einer Vielzahl interessanter Wanderwege in alle Himmelsrichtungen folgen kann. Außerdem hat der Ort mit seiner 1150-jährigen Geschichte allerlei Kulturelles aufzuweisen.

Die um 1492 auf Burg Ehrenfels geborene Argula von Grumbach, Tochter des Reichsfreien Bernhardin von Stauff, wurde mit mutigen Briefen und Publikationen – trotz heftiger Anfeindungen – zu einer engagierten und weithin anerkannten Vorkämpferin religiöser Toleranz und Glaubensfreiheit. Der Arzt Paracelsus, Ende 1529 von Nürnberg kommend, verbrachte ein Jahr in Beratzhausen. Hier heilte er Kranke, beriet den Magistrat und verfasste zwei Bücher, so sein berühmtes Werk *Paragranum*.

Auch zwei erfolgreiche Literaten sind Beratzhausener. Der 1889 geborene Lyriker und Romancier Gottfried Kölwel erhielt 1966 für sein Gesamtwerk den Büchner-Literaturpreis der Deutschen *Akademie für Sprache und Dichtung*. Literarische Verdienste erwarb sich ebenfalls Franz Xaver Staudigl, der nicht nur mehrere Biografien, Gedichte und Prosatexte verfasst hat, sondern auch von 1956 bis 1984 Bürgermeister war – und sich dafür einsetzte, dass sich in seiner Gemeinde zahlreiche neue Betriebe ansiedelten und Beratzhausen zum staatlich anerkannten Erholungsort wurde.

Schließlich spielt auch die Kunst eine große Rolle. Zahlreiche Kunstwerke sind in und um Beratzhausen zu bewundern, geschaffen auf internationalen Symposien von Künstlern aus verschiedenen Ländern. Der »Perle an der Schwarzen Laber« ist eine wunderbare Symbiose aus Natur und Kultur gelungen.

Zur Marktstraße

Wir gehen vom Bahnhof rechts in die **Bahnhofstraße**, passieren anschließend rechts die Bahnunterführung und schlendern dann den »Hinteren Markt« hinunter. Nach ein paar Minuten biegen wir links in die **Marktstraße** ein und sind damit bereits im Ortszentrum. Rechter Hand liegt der Johann-Ehrl-Platz, und wir werfen rasch einen Blick auf die rote Infotafel, auf der **vier Wanderwege** beschrieben werden, die von hier ausgehen: der »Franz-Xaver-Staudigl-Wanderweg«, der »Kunstwanderweg«, der »Mühlenwanderweg« und der »Biblische Obstwanderweg«. Mindestens einen davon werden wir später kennenlernen.

Wir gehen beschwingt weiter und nehmen erstaunt zur Kenntnis, wie wohlhabend die Bürger gewesen sein müssen, die sich so schöne Häuser leisten konnten. Besonders prächtig ist die Fassade von *Café-Konditorei Hans Prock*.

Rathaus und St. Peter und Paul

Ein kurzer Stopp dann vor dem **Rathaus** mit markantem Walmdach und Glockentürmchen. Das Gebäude stammt aus dem Jahr 1574. Es wurde 1791 barockisiert und wirkt mit dem üppigen Blumenschmuck vor den Fenstern sehr ansehnlich. Es wäre gut, sich im Obergeschoss des Rathauses die Kunst- und Freizeitwanderkarte zu holen, auf der die Standorte der Kunstwerke – es sind 42 an der Zahl – ausführlich beschrieben sind.

Ein besonderes Highlight ist die **Peter-und-Paul-Kirche** gegenüber, entstanden in den Jahren 1762–64 an der Stelle einer gotischen Vorgängerkirche. Äußerlich eigentlich ein Gotteshaus wie viele andere, überrascht die herrliche **Innenausstattung** im spätbarocken Stil. Kanzel, Hauptaltar und Nebenaltäre, Orgel und Deckengemälde, alles formschön und farbenfroh. Die Deckenbilder zeigen Szenen aus dem Leben der zwei Kirchenpatrone.

Die üppige Innenausstattung von St. Peter und Paul

Auf dem Altarbild des Hauptaltars ist Jesus zu sehen, der den Hirtenstab an Petrus weitergibt.

Vom Zehentstadel zur Wallfahrtskirche

Rechts neben dem Rathaus kommt man zum 1599 errichteten **Zehentstadel**, dem größten Profanbau am Ort, davor ist die von dem rumänischen Bildhauer Mihai Buculei geschaffene **Bronzeskulptur** des Naturheilers **Paracelsus**. Der viel bewunderte, aber auch oft attackierte Arzt hatte sich, wie bereits erwähnt, in Beratzhausen niedergelassen, auf der Suche nach einem Ort, in dem er in Ruhe und in Harmonie mit der Natur schöpferisch tätig sein konnte. Der Stadel, lange als Getreidekasten genutzt, ging 1805 in den Besitz der *Brauerei Engel* über. Die Gemeinde übernahm das Gebäude erst 1983. Im zweiten Obergeschoss ist eine Bücherei eingerichtet worden und im ersten Obergeschoss ein Mehrzwecksaal, während das Erdgeschoss für verschiedene Veranstaltungen – insbesondere kulturelle – zur Verfügung steht.

Zurück auf der Marktstraße kommen wir über die Färbergasse zum Gottfried-Kölwel-Platz und biegen in den Obermühlweg ein. Hier stoßen wir auch auf den **»Franz-Xaver-Staudigl-Wanderweg«**, der zu Ehren des verdienten Alt-Bürgermeisters angelegt und mit großen Tafeln versehen wurde, auf denen einige seiner Gedichte nachzulesen sind. Und tatsächlich entdecken wir gleich auf der ersten Tafel diese schönen lyrischen Zeilen:

Zwischen
Tann und Sommereichen
führt ein Weg
in stillen Zeiten
und du merkst es nicht
im Schreiten
dass mit dem Blatt
die Tage bleichen

Kurz darauf überqueren wir die **Schwarze Laber**, ein still dahinfließendes, moorig anmutendes Gewässer, und wir gehen geradeaus weiter, vor uns in beträchtlicher Höhe: Maria Hilf. Der »Staudigl-Wanderweg« biegt nach links ab, wir wollen aber zur Wallfahrtskirche und stapfen deshalb entschlossen die hohen

Beratzhausen und St. Peter und Paul von der Wallfahrtskirche aus gesehen

Treppen hinauf, vorbei an **14 Kreuzwegstationen**. An die 50 Höhenmeter sind zu überwinden, und da sollte man sich Zeit lassen und nichts überstürzen. Wanderstöcke erleichtern den Aufstieg.

Oben angekommen hat man einen erhebenden Blick auf das Labertal. Wie anmutig Beratzhausen da unten liegt, eingebettet in bewaldete Höhenzüge! Hier ist die Natur noch unverfälscht, und man versteht, warum Paracelsus sich hier einst so geborgen gefühlt hat.

Wir betreten das im Rokokostil angelegte **Wallfahrtskirchlein**, das 1734 errichtet worden war, gut 100 Jahre später zwar durch Blitzschlag zerstört wurde, danach aber wieder aufgebaut worden ist. Das Gnadenbild am Hochaltar ist eine Kopie des Maria-Hilf-Gemäldes von Lukas Cranach d. Ä. im Innsbrucker Dom. Als historisch wertvoll gilt auch der 14-Nothelfer-Altar an der nördlichen Längswand.

Kunstgenuss im Skulpturenpark

Wir gehen die steilen Treppen vorsichtig hinunter, biegen vor der Schwarzen Laber nach links ab und befinden uns jetzt auf dem **Kunstwanderweg** inmitten der Laber-Auen. Mithilfe der

Kunst- und Freizeitwanderkarte, die wir im Rathaus geholt haben, lässt sich schnell feststellen, wie die einzelnen Werke heißen, wer sie geschaffen hat und was sie bedeuten. So begegnen wir den Kunstobjekten *Venus*, *Brücke zur Seligkeit*, *Kreuzweg*, *Festung* und *Geburt*, alles sehenswerte Werke internationaler Künstler. Besonders beeindruckt hat mich die *Brücke zur Seligkeit*: ein mächtiger Quader führt als Brücke über einen Wassergraben, auf dem Quader liegt eine mumifizierte Gestalt, die zur Maria-Hilf-Kirche zeigt.

Wir überqueren die Schwarze Laber an der **Pfaundorfer Brücke** und setzen unseren Rundgang an der anderen Uferseite mit den Kunstwerken *Erhebung*, *Kompass zu Paracelsus*, *Zeichen* und *Ruhebank für Verliebte* fort. Auf der Sitzecke kurz vor der alten Mühle machen wir es uns bequem und genießen in aller Ruhe die Anmut des **Skulpturenparks**. Die Auenlandschaft mit der Wallfahrtskirche darüber ist wahrlich ein Naturparadies.

Ruine Ehrenfels oder Mühlenwanderweg?

Wer jetzt schon einkehren möchte, hat es zu einem der Wirtshäuser in der Marktstraße nicht weit. Vielleicht besteht aber der

Der Blick vom Skulpturengarten zur Wallfahrtskirche

Wunsch, noch etwas mehr von der Umgebung kennenzulernen. In diesem Fall einfach auf dem **»Mühlenwanderweg«** an der Schwarzen Laber bis zur **Friesenmühle** weitergehen, die in 15 bis 20 Minuten erreicht ist. Dort kann man sich mit Wild aus eigenem Revier und mit Fisch aus eigenem Gewässer verwöhnen lassen – der Landgasthof ist 2001 nicht ohne Grund Landkreissieger des Wettbewerbs »Bayerische Küche« geworden.

Burgen-Freaks zieht es wahrscheinlich mehr zu der sagenumwobenen Ruine Ehrenfels. Bis dorthin sind es an die 45 Minuten, und es geht zum Schluss steil bergauf – der **Schlossberg** erreicht immerhin eine Höhe von 555 Metern. Wer sich diese Tour zutraut, überquert die Pfaundorfer Brücke, biegt dann rechts in die Bischof-Weig-Straße ein, die zum Gottfried-Kölwel-Platz führt. Von da schnurstracks in die Falkenstraße und der **Markierung »Grünes Dreieck«** folgen. Am Ende der Falkenstraße auf dem Trampelpfad weiter geradeaus, dann die Straße überqueren und nach dem Parkplatz und hinter der Bahnunterführung mit der Markierung rechts auf der Fuhre in den Wald hinein. Es geht leicht bergauf, zusätzlich begleitet von der **Markierung »Männchen mit ausgebreiteten Armen«**. Nach einigen Hundert Metern ist der Weg auf beiden Seiten eingezäunt. Unmittelbar danach biegen wir nach rechts ab und erreichen schließlich auf dem Kuppenplateau des Schlossbergs die Burgruine.

Mit Sicherheit war **Ehrenfels** eine der bedeutendsten mittelalterlichen Burgen in der Oberpfalz. Erbaut in der ersten Hälfte des 13. Jahrhunderts, ist sie nach der Zerstörung im Dreißigjährigen Krieg sich selbst überlassen geblieben und verfallen. Drei der einst sieben Türme stehen aber noch, der siebeneckige Mauerring und der tiefe Burggraben sind klar erkennbar. Die Geschichte der Burg und die ursprüngliche Beschaffenheit der Anlage sind auf drei Info-Tafeln ausführlich beschrieben. Eine Besichtigung der Ruine lohnt sich also wirklich!

Anschließend geht's auf demselben Weg zurück nach Beratzhausen, wo ein kühles Bier und eine zünftige Brotzeit auf den erschöpften Wanderer warten.

Beratzhausen: ausgewählte Informationen und Highlights

Tourist-Information, Marktstr. 33, 93176 Beratzhausen
Tel. 0 94 93/94 00 19, www.beratzhausen.com

Gasthof-Metzgerei-Mosner, Gottfried-Kölwel-Platz 4
Tel. 0 94 93/7 40
Di–Fr u. So 12.30–13.30, Mo u. Sa Ruhetag

Gasthof Petermichl, Marktstr. 35
Tel. 0 94 93/7 32
Di–So 8.00–22.00, Mo nachmittags Ruhetag

Landgasthof Friesenmühle, Friesenmühle 1
Tel. 0 94 93/7 35
Mo, Di u. Do–So 10.00–24.00, Mi Ruhetag

Café Herbert Seidl, Marktstr. 25
Tel. 0 94 93/7 84
Mo u. Mi–Fr 6.15–18.00, Sa nur bis 12.30, Di u. So Ruhetag

Franz Xaver Staudigl: Heimatgeschichtslexikon des Marktes Beratzhausen. Markt Beratzhausen 1996

Franz X. Bogner: Im Tal der Schwarzen Laber. Regensburg 1999

Tanz in den Mai am 30. Apr mit dem Trachtenverein D'Labertal und der Blaskapelle Beratzhausen

Volksfest am 2. Juli-Wochenende

Dietfurt an der Altmühl

19

Die bayrische China-Metropole

Ort:

Staatlich anerkannter Erholungsort im Landkreis Neumarkt. Rund 6 100 Einwohner.

Geschichte:

Urkundlich erstmals 1109 erwähnt. 1305 fällt Dietfurt an das Herzogtum Bayern und wird 1416 kurfürstlich-bayerische Grenzstadt. 1444 beginnt der Bau einer Wehrmauer mit Türmen und Toren. Im Dreißigjährigen Krieg verheerende Plünderungen durch schwedische und kaiserliche Truppen. 1703 erneut Not und Elend infolge des Spanischen Erbfolgekriegs. Im 20. Jahrhundert erstmals Siedlungen außerhalb des mittelalterlichen Mauerrings.

Sehenswürdigkeiten:

Rathaus mit Ausstellung »Bayrisch China«. Pfarrkirche St. Ägidius. Reste der alten Stadtmauer mit 6 erhaltenen Wehrtürmen. 7 Brunnen. Franziskanerkloster. Frauenkirche und Sebaldkirche. Altmühltaler Mühlenmuseum. Museum im Hollerhaus. Wagnerei-Museum Zacherl.

Dauer des Rundgangs:

Ohne Einkehr, aber mit Besuch des Mühlenmuseums, gut 2 Std.

Anfahrt:

ÖPNV: Mit der Bahn nach Neumarkt, von dort mit Buslinie 515 zur Haltestelle am »Dietfurter Friedhof«.
Kfz: Auf der A 9 bis Ausfahrt 58 (»Kinding«), anschließend über Beilngries nach Dietfurt und Parken am Friedhof. Oder auf der A 3 bis Ausfahrt 94 (»Parsberg«), von dort über Parsberg und Breitenbrunn zum Dietfurter-Friedhof-Parkplatz.

Nach einer Legende schickte einst der Eichstätter Bischof seinen Kämmerer nach Dietfurt, um rückständige Abgaben einzutreiben. Die Dietfurter hatten jedoch davon erfahren und ließen den Kämmerer vor den geschlossenen Stadttoren stehen, der darauf dem Bischof zornig berichtet haben soll, die Dietfurter hätten sich »wie die Chinesen hinter der Mauer« verschanzt. Zu ihrem Ärger wurden die Dietfurter daraufhin lange als Chinesen verspottet, akzeptierten aber schließlich den Spitznamen. Seit 1954 wird die Stadt vom 11. November bis Faschingsende von einem »Kaiser von Bayrisch China« regiert, und am Unsinnigen Donnerstag, der bereits seit 1880 gefeiert wird, steht ganz Dietfurt im Bann des Chinesenfaschings. Auch findet ein großer chinesischer Faschingszug statt, der bis zu 20 000 Zuschauer anlockt, selbst aus dem »echten« China kommen Besucher.

Außerdem organisiert die Stadt alljährlich einen »Bayrisch-Chinesischen Sommer«. Zudem werden im Meditationshaus des Franziskanerklosters regelmäßig Qigong- und Taiji-Kurse angeboten, die in die chinesische Bewegungskunst einführen. Die »7-Täler-Stadt« mit den »Dietfurter Wasserwegen«, die zu interessanten Ausflügen ins Umland einladen, bietet jedoch nicht nur Chinesisches an, wie man als Besucher bei einem Bummel durch die historische Altstadt schnell feststellen kann.

Auf der Hauptstraße bis zur Wehrmauer

Der Rundgang beginnt am Dietfurter Friedhof, vor der **Sebaldkirche**. Es ist dies ein Votivkirchlein, 1736 gestiftet von dem wohlhabenden Pfarrer Sebald Forchammer, dessen Erblindung

Die Figur eines fischenden Knaben an der Weißen Laber

während der Bauzeit wie durch ein Wunder verschwand. Das **Hochaltarbild** in der Kirche zeigt den heiligen Sebald, der im 11. Jahrhundert als Glaubensprediger nach Franken gekommen war und als Einsiedler in den Wäldern um Nürnberg lebte. Beigesetzt ist der Nürnberger Stadtpatron in dem von dem berühmten Eisengießer Peter Vischer geschaffenen Grabmal in der Nürnberger Sebalduskirche.

Wir befinden uns auf der Dietfurter **Hauptstraße**, die direkt in die historische Altstadt führt. Unmittelbar nach der Sebaldkirche überqueren wir die **Weiße Laber** – das Flüsschen, das in die Altmühl mündet, teilt sich vor Dietfurt und durchfließt die Stadt in zwei Armen. Gleich nach der Brücke kommen wir zu dem über 545 Jahre alten **Mühlenmuseum**, in dem die letzte der einst zahlreichen Wassermühlen im Altmühltal zu bewundern ist.

Nach ein paar Schritten erreichen wir die Dietfurter **Frauenkirche**, gebaut Mitte des 15. Jahrhunderts und 300 Jahre später barock umgestaltet. Falls die Kirche nicht zugänglich ist, kann man auch durch das Gitter am Eingang die barocke Pracht in aller Ruhe anschauen.

Kurz darauf biegen wir rechts in die **Ringgasse** ein und werden jetzt, immer entlang der alten Wehrmauer, die historische Altstadt umkreisen.

Von Turm zu Turm

Während die beiden Stadttore im 19. Jahrhundert abgebrochen wurden, sind sechs Wehrtürme erhalten geblieben, so in der Ringgasse auch der **Zinkturm**, benannt nach seinen letzten Bewohnern. Alle Türme entstanden im Lauf des 15. Jahrhunderts – mit der Aufgabe, bayerisches Territorium zu verteidigen. Kurz darauf erreichen wir den **Bettelvogtturm** – seinem Bewohner oblag im Mittelalter die Aufsicht über die Bettler. Wenige Schritte vor dem Hollerturm schlüpfen wir rasch durch die Maueröffnung rechts und werfen einen Blick auf die **Kneipp-Anlage**, die verführerisch zu einem erfrischenden Fußbad einlädt. Neben der Anlage fließt der zweite Arm der Weißen Laber, die Stadtlaber.

Wieder am **Hollerturm** bzw. Folterturm entdecken wir einen der sieben Brunnen Dietfurts, den **Drachenbrunnen**. Das von der Dietfurter Künstlerin Ute Mühlbauer geschaffene Tier speit an besonderen Tagen kein Wasser, sondern »Blut«.

Dietfurts Wahrzeichen: der Goggerturm an der alten Stadtmauer

Wir bleiben der Ringgasse auf der Spur, die jetzt einen großen Bogen von Ost nach West schlägt, und erreichen den **Vogelfängerturm**, dessen obere Hälfte einem Brand zum Opfer gefallen ist. Dann überqueren wir die Hauptstraße und setzen den Rundgang in der Gasse **»Zum Goggerturm«** fort. Der mächtige Turm, der sofort die Blicke auf sich zieht, ist der höchste der sechs Wehrtürme und eines der städtischen Wahrzeichen. Der Name leitet sich von einer

Familie namens »Gaukler« ab, die hier ansässig war. Straffällige Bürger wurden einst in dem Turm hinter Schloss und Riegel gebracht.

Wir gehen gemächlich weiter und kommen zum **Wagnerei-Museum**, in dem all die Werkzeuge und Maschinen zu sehen sind, die ein Stellmacher zur Anfertigung von Wagen- und Fuhrwerken, Schubkarren, Schlitten und Leitern benötigte. Führungen sind nur zu bestimmten Terminen und auf Anfrage möglich.

Nach wenigen Minuten erreichen wir den **Schauerturm**, davor ist ein Brunnen, der 1990 nach einem alten Entwurf als städtischer Trinkwasserbrunnen entstand.

Rathaus, St. Ägidius und Hollerhaus-Museum

Wir sind wieder auf der **Hauptstraße**, der Flanier- und Einkaufsmeile Dietfurts, und schlendern aufmerksam Richtung **Stadtplatz**. Rechts und links sehen wir formschöne Ackerbürgerhäuser, vielfach mit bunten Spitz- und Stufengiebeln. Am attraktivsten sind die Häuser in unmittelbarer Nähe des Rathauses.

Der imposante Bau des **Rathauses** selbst stammt, wie eine Inschrift oberhalb des Eingangs verrät, aus dem Jahr 1479. Vor der Frontseite des Rathauses steht der viel bewunderte **Chinesenbrunnen**, ein Werk des Neumarkter Bildhauers Lothar Fischer aus dem Jahr 1962. Es lohnt sich, das Rathaus und die herrlichen Gebäude ringsum mit offenen Augen anzuschauen. Die Rathausglocke läutet nur noch, wenn ein neuer Bürgermeister gewählt worden ist. Besonders ins Auge fällt auch die breite Fassade des **Max-Prestel-Hauses** am Stadtplatz.

Wir gehen dann auf der Pfarrgasse weiter zu der **Kirche St. Ägidius**, deren Vorgängerbau schon 1144 urkundlich belegt ist. Anfang des 15. Jahrhunderts entstand der jetzige gotische Neubau mit dem schlanken Turm, und gut 300 Jahre später wurde die Kirche unter Mitwirkung des aus Graubünden stammenden Baumeisters Gabriel de Gabrieli im Barockstil renoviert und erweitert. Chor und Langhaus sind überaus kunstvoll gestaltet. Wer sich in Details vertiefen möchte, leiht oder kauft sich den ausliegenden Dietfurter Kirchenführer.

Gegenüber von St. Ägidius liegt das **Museum im Hollerhaus**, ein kulturhistorisches Museum, in dem die Früh- und Kulturgeschichte im Dietfurter Raum sehr anschaulich dargestellt ist. Besonders eindrucksvoll ist die Rekonstruktion einer hallstattzeitlichen Grablege mit Grabbeilagen.

Der von Lothar Fischer entworfene Chinesenbrunnen vor dem Rathaus

Zum Franziskanerkloster

Zurück zur Hauptstraße, auf der wir unseren Rundgang fortsetzen. Gleich rechter Hand ein ungewöhnlicher Brunnen, das **»Drachenbad«**. Ein kleiner Drache, von den Künstlern Michael Dorrer und Lore Mühlbauer in Terrazzotechnik gefertigt, wälzt sich vergnügt im sprudelnden Wasser.

Neugierig gehen wir geradeaus weiter, verlassen die Altstadt und überqueren die **Stadtlaber**, die – wie auch der andere Arm der Weißen Laber – ein quicklebendiges Flüsschen ist. Kurz danach biegen wir rechts in die Hafnergasse ein, die uns in wenigen Minuten zur Klostergasse und damit zum **Franziskanerkloster** bringt. Natürlich wollen wir uns die dazugehörige Franziskanerkirche nicht entgehen lassen und betreten durch einen Rundbogen den kleinen Vorhof, freundlich willkommen geheißen vom heiligen Franziskus, der, auf einem Brunnenpodest stehend, in ein Gespräch mit einem Vögelchen in seiner Rechten vertieft ist. Die **Kirche** ist im Jahr 1667 vollendet worden. Seit 1680 werden hier alljährlich an den Donnerstagen während der Fastenzeit *Ölbergspiele* aufgeführt. Dann wird das Hochaltarbild entfernt, und das Passionsspiel findet auf der Altarbühne statt. Der einschiffige Innenraum wirkt trotz etlicher barocker Statuen und

Gemälde relativ schlicht und entspricht damit den Geboten des Bettelordens – Franziskanermönche sind zu bescheidener Lebensführung sowie zum Dienst am Menschen verpflichtet. Dem Kloster angeschlossen ist das bereits erwähnte **Meditationshaus**, in dem mit fernöstlicher Zen-Meditation vertraut gemacht wird.

Wir verlassen die Kirche und gehen links an dem angrenzenden Klosterfriedhof vorbei. Hier beginnt der circa drei Kilometer lange **QiGong-Weg** mit zehn Tafeln, die erklären und zeigen, wie man durch entspannende Bewegungsübungen Gutes für seine Gesundheit tun kann. Geführte Wanderungen auf dem QiGong-Weg vermittelt die Tourist-Information.

Einkehr und Mühlenmuseum

Auf dem Weg zurück in die Altstadt gehen wir auf der Klostergasse bis zur Laberbrücke, biegen anschließend nach links in den »Stadtgraben« ein und kommen erneut zu der Kneipp-Anlage. Wenn wir dann durch die Maueröffnung geschlüpft sind und auf der Pfarrgasse den **Stadtplatz** erreicht haben, werden wir uns mit Sicherheit nach einem Wirtshaus umschauen. Allein in der Hauptstraße ist mit den Gasthöfen *Stirzer*, *Zur Post* und *Zum Bräu-Toni* die Auswahl groß.

Anschließend wird wahrscheinlich noch genügend Zeit sein, um das interessante **Altmühltaler Mühlenmuseum** zu besuchen, das täglich offen hat. Besonders günstig wäre eine Besichtigung um 14 oder 16 Uhr, weil der Eigentümer dann bei laufender Mühle Führungen anbietet. Wer anschließend per Bus oder Auto die Rückfahrt antreten möchte, hat es zur Haltestelle bzw. zum Bahnhof nicht weit.

Dietfurt a. d. Altmühl: ausgewählte Informationen und Highlights

Tourist-Information, Hauptstr. 26, 92345 Dietfurt an der Altmühl
Tel. 0 84 64/64 00 19, www.dietfurt.de

Altmühltaler Mühlenmuseum, Hauptstr. 51
Tel. 0 84 64/2 09, www.altmuehltalermuehle.de
Tägl. 8.00–20.00

Museum im Hollerhaus, Pfarrgasse 6
Tel. 0 84 64/91 45 oder /64 00 19, www.dietfurt.de
Im Apr an Wochenenden geöffnet
1. Mai–Mitte Okt jeweils Mi u. Sa 14.00–18.00, So u. Fei 14.00–17.00

Wagnerei-Museum Zacherl, Zum Goggerturm 24
Tel. 0 84 64/60 21 23, www.wagnereimuseum.dietfurt.de
Besuch nur mit Führung u. nach Anmeldung möglich

Historischer Gasthof Stirzer, Hauptstr. 45
Tel. 0 84 64/86 58
Im Sommer tägl. 10.00–22.00, im Winter Mo u. Di Ruhetag

Gasthof Zur Post, Hauptstr. 25
Tel. 0 84 64/3 21, www.zur-post-dietfurt.de
Mo u. Mi–So 9.00–23.00, Di 17.00–23.00

Hotel/Gasthof Zum Bräu-Toni, Hauptstr.4
Tel. 0 84 64/60 51 00, www.braeu-toni.de
Di–So 7.30–23.00, Mo 16.00–23.00

Franz Kerschensteiner: Dietfurt a. d. Altmühl. Treuchtlingen 1999

Jede 2. Woche Bauernmarkt von 14.00–17.00 mit regionalen Produkten
Dietfurter Chinesenfasching am Unsinnigen Do
Fünftägiges 7-Täler-Volksfest am letzten Juli-Wochenende
Bayrisch-Chinesischer Sommer Ende Juni
Weinfest im Franziskanerkloster am vorletzten Aug-Wochenende
Von Mai bis Ende Sept jeden Di um 9.30 Gästebegrüßung und kostenlose Stadtführung. Treffpunkt am Chinesenbrunnen

Regensburg

20

Die nördlichste Stadt Italiens

Ort:

Kreisfreie Großstadt und Hauptstadt der Oberpfalz. Rund 155 000 Einwohner.

Geschichte:

Bereits für das erste Jahrhundert n. Chr. sind römische Ansiedlungen nachgewiesen. Unter Kaiser Marc Aurel entsteht 179 n. Chr. das Kohortenkastell »Castra Regina«, in dem bis zu 6 000 Legionäre leben. 500–788 ist Regensburg Hauptsitz der bajuwarischen Herzöge. 739 erhebt Bonifatius Regensburg zur Bischofsstadt, die durch Fernhandel bis Kiew, Paris und Venedig im Mittelalter zu einer der wohlhabendsten und größten deutschen Städte wird. Anfang des 13. Jahrhunderts bis 1663 zunächst Freie Stadt, dann Reichsstadt. Im Jahr 1519 Pogrom und Vertreibung der Juden. 1528 Einführung der Reformation, der katholische Bischofssitz bleibt aber unangetastet. 1663–1806 Immerwährender Reichstag. 1810 fällt die Stadt an Bayern und verliert ihre Selbstständigkeit. Seit 1839 Hauptstadt der Oberpfalz. Im Zweiten Weltkrieg 20 Bombenangriffe mit 3 000 Toten, der historische Stadtkern bleibt jedoch weitgehend unzerstört. Am 26. April 1945 kampflose Übergabe der Stadt an die US-Truppen. Seit 13. Juli 2006 zählt Regensburg zum exklusiven »UNESCO-Weltkulturerbe der Menschheit«.

Sehenswürdigkeiten:

Dom St. Peter. Steinerne Brücke. Porta Praetoria. Altes Rathaus mit Reichssaal und Fragstatt. Salzstadel mit Besucherzentrum Welterbe Regensburg. Geschlechtertürme. Historisches Museum. Kepler-Gedächtnishaus. Schottenkirche. St. Emmeram. Schloss Thurn und Taxis mit Schlossmuseum und Schatzkammer. Alter Kornmarkt, Neupfarrplatz, Bismarckplatz, Haidplatz.

Dauer des Rundgangs:

Ohne Museumsbesuch und ohne Wirtshauseinkehr 3–5 Std.

Anfahrt:

ÖPNV: Mit der Bahn zum Regensburger Hbf.
Kfz: Auf der A 3 oder A 93 in die Innenstadt und Parken in der Nähe des Hbf. oder im Parkhaus in der Martin-Luther-Str.

In Regensburg finden sich Bau- und Denkmäler aller Stilepochen vom ersten bis zum 20. Jahrhundert. Die vorbildlich restaurierte historische Altstadt weist über tausend geschützte Denkmäler auf, darunter großartige Kirchen und Palais, über 20 Museen und mehr als 30 Galerien. Ihre größte Zeit hatte die Stadt im 12., 13. und 14. Jahrhundert – Regensburg war zu dieser Zeit die erste deutsche Großstadt.

Reiche Kaufleute errichteten nach dem Vorbild italienischer Patrizierburgen die sogenannten »Geschlechtertürme«, die es in keiner anderen deutschen Stadt gibt. Die Geschlechtertürme waren Festungen, ein Zugang war häufig nur über eine Leiter zu den oberen Stockwerken möglich. Je höher die Türme waren, desto angesehener die Eigentümer; die Türme entwickelten sich damit also zu Statussymbolen. Nicht zu Unrecht ist Regensburg als die »nördlichste Stadt Italiens« bezeichnet worden – 20 der einst 60 Hausburgen sind erhalten.

Klar, dass bei so viel herausragender Bausubstanz und Kultur auf einem Rundgang lediglich ein Teil vorgestellt werden kann. Darum beschränken wir uns bewusst auf einige Highlights. Wer Regensburg in seiner vollen Pracht und Herrlichkeit kennenlernen möchte, muss unbedingt mehrmals kommen. So wie Rom nicht an einem Tag erbaut wurde, lässt sich Regensburg nicht in drei bis fünf Stunden komplett erschließen.

Über die Maximilianstraße zum Alten Kornmarkt

Die Maximilianstraße führt vom **Hauptbahnhof** direkt in die Altstadt. Wir überqueren den Ernst-Reuther-Platz, biegen vor *McDonald's* nach rechts ab und finden dort die imposanten **Mauerreste** des 179 n. Chr. errichteten römischen **Kohortenkastells**, das die Form eines Rechtecks von 542 mal 453 Metern hatte. Die daneben stehende großformatige Informationstafel zeigt den Verlauf der zwei Kilometer langen Umwehrung innerhalb der Regensburger Altstadt, die ihre Entstehung dem römischen Legionslager zu verdanken hat – fast die ganze Altstadt liegt auf dem ehemaligen römischen Territorium. Den nördlichen Teil des Kastells an der Porta Praetoria in der Straße »Unter den Schwibbögen« werden wir später kennenlernen.

Weiter dann auf der **Maximilianstraße**, einer breiten Einkaufs- und Flaniermeile mit unendlich vielen Einkehrmöglichkeiten und Geschäften. Wie auf den meisten Straßen in der Altstadt gibt es hier keinen Autoverkehr, sodass man sich in aller Ruhe an den schön gestalteten Hausfassaden erfreuen kann. Bevor die Maximilianstraße in die Speichergasse einmündet, zweigt rechter Hand die Drei-Kronen-Gasse ab, die zum **Dachauplatz** mit der **Minoritenkirche** und dem **Historischen Museum** führt. Für Römer-Fans könnte ein Besuch dieses Museums am Ende des Rundgangs sehr verlockend sein, denn das Untergeschoss befasst sich intensiv mit den Hinterlassenschaften der Römer an der Donau.

Wir bleiben auf der Speichergasse und erreichen den **Alten Kornmarkt**, auf dem im Mittelalter spektakuläre Turniere stattfanden, außerdem strenge Bestrafungen aufsässiger Bürger, die mit den Machenschaften der Obrigkeit nicht einverstanden waren.

Sehenswert ist vor allem der **Herzogshof**. Es war dies die erste Burg der bajuwarischen Herzöge. Später residierten hier die Wittelsbacher. Inzwischen beherbergt das Gebäude ein Hotel sowie ein schickes Restaurant und ist durch einen Schwibbogen mit dem 28 Meter hohen **Römerturm** verbunden, der einst bei feindlichen Angriffen Schutz bot und in dem wertvolle Gegenstände gelagert wurden.

Auch zwei Gotteshäuser stehen auf dem Alten Kornmarkt, die **Karmeliterkirche** und die **Alte Kapelle**. Letztere, neugestaltet im 19. Jahrhundert, diente bereits den Karolingern als Pfalzkapelle und ist jetzt, nach etlichen Umbauten und Restaurierungen, mit einer üppigen und ansprechenden Rokokoausstattung versehen. Ein kurzer Blick in das Kircheninnere kann sinnvoll sein, aber länger wollen wir uns dort nicht aufhalten, wie überhaupt die Besichtigung von Kirchen nicht das Hauptanliegen des Rundgangs ist. (Von einem Witzbold stammt im Übrigen das Bonmot, es gebe in Regensburg so viele Kirchen und Kapellen, wie das Jahr Tage habe …)

Die größte Sehenswürdigkeit in Regensburg

Aber einer Kirche wollen wir dann doch unsere volle Aufmerksamkeit schenken, dem **Regensburger Dom**, für viele Kunsthistoriker die größte Sehenswürdigkeit der Stadt und ein Hauptwerk der Gotik in Deutschland.

Die 105 Meter hohen Doppeltürme des Doms sind schon von Weitem zu sehen. 600 Jahre lang, von 1273 bis 1870/72, wurde

Die Frontseite des Regensburger Doms, der größten Sehenswürdigkeit der Stadt

gebaut, ergänzt und dem Zeitenwandel angepasst, trotzdem ist ein geschlossenes gotisches Baudenkmal erhalten geblieben. Auf dem Domplatz entdecken wir ein **Standbild von König Ludwig I.**, dem Regensburg viel zu verdanken hat; wir betreten St. Peter durch das **Hauptportal**. Der Bau ist als dreischiffige Pfeilerbasilika konzipiert und bietet 7000 Menschen Platz. Über dem Mittelschiff erhebt sich ein Kreuzrippengewölbe mit einer Höhe von bis zu

32 Metern. Die **Innenausstattung** enthält eine Vielzahl einzigartiger Kunstwerke – Figuren, Altäre, farbige Glasfenster, Grabdenkmäler. Am besten wäre es, sich einen der ausliegenden Kirchenführer auszuleihen und die Kunstwerke der Reihe nach abzulaufen. Zu den bedeutendsten Kostbarkeiten gehören unter anderem der silberne Hochaltar, das 15 Meter hohe Sakramentshäuschen sowie die Steinfiguren Maria und der gegenüberstehende Verkündigungsengel mit einem bezaubernden Lächeln. Etwa eine halbe Stunde sollte man für diese einmalige Basilika aufbringen.

Vom Neupfarrplatz zum Alten Rathaus

Vor dem Hauptportal des Doms liegt der Krauterermarkt. Wir halten uns links und kommen über die Residenzstraße zum **Neupfarrplatz**. Hier war im Mittelalter ein jüdisches Getto, das auf Beschluss des Stadtrats 1519 komplett ausgelöscht wurde, die Juden mussten die Stadt verlassen. Über der zerstörten Synagoge errichteten die Christen »als gottgefälliges Werk« die Wallfahrtskirche Zur schönen Maria. Kurz darauf, im Jahr 1542, übernahmen die Protestanten das Gebäude und machten es zur evangelischen Zentralkirche in Regensburg. Unmittelbar neben der Kirche hat der israelische Bildhauer Dani Karavan ein modernes Kunstwerk geschaffen, gedacht als Beitrag zur Versöhnung zwischen den Konfessionen. Die **Neupfarrkirche** steht offen und gefällt durch ihre schlichte Innenausstattung.

Unser nächstes Ziel ist jetzt das Alte Rathaus. Wir verlassen den Neupfarrplatz rechts über die Wahlenstraße und lernen hier zwei Geschlechtertürme kennen, zunächst das wuchtige **Kastenmayerhaus** und anschließend den 50 Meter hohen **Goldenen Turm** mit neun Stockwerken. Es folgen bildschöne Patrizierhäuser, so am Eck zur Kramgasse das frühgotische **Enslinhaus** mit herrlicher klassizistischer Fassade.

Und dann sind wir auch schon auf dem Rathausplatz und widmen uns nun ganz dem **Alten Rathaus**. Hier tagte, von 1663 bis 1806, der »Immerwährende Reichstag«, an dem eine Vertretung der deutschen Reichsstände sich mit dem Kaiser traf und Beschlüsse fasste. Auf diesen Zusammenkünften wurde nicht nur über Krieg und Frieden entschieden, sondern zum Beispiel auch über die Wahl von Königen und Bischöfen, über neue Grenzen und Gebietsabtretungen. Der **Reichssaal**, in dem diese Vereinbarungen stattfanden, kann im Rahmen einer Führung

So verzierten reiche Patrizier ihre schmucken Fassaden.

besichtigt werden, und das sollte man sich nicht entgehen lassen. Gezeigt wird auch die **Fragstatt**, eine Folterkammer mit all den Folterwerkzeugen zur Erpressung von Geständnissen.

Nachdem wir uns auf dem Rathausplatz eingehend umgeschaut haben, wenden wir uns der Goliathstraße zu und biegen sofort rechts in den **Watmarkt** ein. Hier stoßen wir auf den ansehnlichsten Geschlechterturm der Stadt, den 28 Meter hohen **Baumburgerturm** – mit immerhin sieben Geschossen–, gefolgt von dem **Bäumelturm** in Haus Nr. 6, beide gebaut im 13. Jahrhundert. Am Ende des Watmarkts erreichen wir erneut den Krauterermarkt; wir widerstehen standhaft der Verführung, im *Bischofshof* einzukehren, und biegen links wieder in die Goliathstraße ein. Am **Goliathhaus**, ebenfalls einem Geschlechterturm, bewundern wir das 1573 von Melchior Bocksberger, dem damals führenden Fassadenmaler Süddeutschlands, geschaffene Fresko, das David im Kampf mit Goliath zeigt.

Das »achte Weltwunder«

Anschließend gehen wir die Brückstraße hinunter und erreichen die zwischen 1135 und 1146 errichtete, über 300 Meter lange

Steinerne Brücke. Sie ist ein Wahrzeichen der Stadt und galt im Mittelalter mit ihren ursprünglich 16 Bögen als ein technisches Wunderwerk, als »achtes Weltwunder«, war sie doch über Jahrhunderte der einzige feste Donauübergang zwischen Wien und Ulm. Nach einer Sprengung im April 1945 war die Brücke eine Zeit lang unpassierbar. Heute ist sie aufgrund eines Bürgerentscheids für jeden motorisierten Verkehr gesperrt. Von den einst drei wehrhaften Türmen hat nur der Brück- bzw. **Schuldturm** an der Altstadtseite neben dem Salzstadel überlebt.

Hier ist inzwischen das **»Besucherzentrum Welterbe Regensburg«** eingerichtet worden. Der (kostenlose) Besuch ist sehr zu empfehlen, ebenso eine Besichtigung des **Brückturm-Museums**, in dem über die Geschichte der Brücke und die Donauschifffahrt informiert wird. Nach dem etwas beschwerlichen Aufstieg zur Turmspitze wird man mit einem grandiosen Weitblick auf die idyllische Donaulandschaft und das Häusermeer der Stadt reichlich entschädigt.

Hinter dem Salzstadel wartet die **Historische Wurstkuchl** auf hungrige Mäuler – bereits vor 500 Jahren wurden hier die an der Steinernen Brücke beschäftigten Handwerker versorgt. Geht man am **Donau-Ufer** auf dem Marc-Aurel-Weg ein paar Meter weiter, erreicht man die **Anlegestelle für Kurzfahrten** zur

Die Steinerne Brücke, ein weiteres Wahrzeichen der Stadt

»Walhalla«, auch eine »Strudelrundfahrt« kann gebucht werden. Tickets sind am Pavillon in der Thundorferstraße oder direkt auf dem Schiff erhältlich. Ein paar Schritte weiter liegt im Übrigen das **Donau-Schiffahrts-Museum**.

Einkehr und Planung im Bischofshof

Wir sind inzwischen circa zwei Stunden unterwegs, und da wird es allmählich Zeit, nach einem geeigneten Wirtshaus Ausschau zu halten. In der Altstadt gibt es selbstredend unzählige Restaurants, Kneipen und Cafés – ich schlage eine Einkehr im *Restaurant Bischofshof* vor.

Am besten gehen wir dazu von der Thundorferstraße in die Weiße-Hahnen-Gasse und biegen anschließend links in die Straße »Unter den Schwibbögen« ab. Kurz darauf stehen wir vor der bereits mehrfach erwähnten **»Porta Praetoria«**, dem ehemaligen Nordtor des von Kaiser Marc Aurel gegründeten Römerkastells. Viel zu sehen ist eigentlich nicht, der Torbogen aus Kalksteinblöcken wurde Ende des 19. Jahrhunderts freigelegt, dennoch gilt die Porta neben der Porta Nigra in Trier als ältester Hochbau nördlich der Alpen. Unmittelbar hinter dem Torbogen befindet

Steter Trubel auf dem Rathausplatz

sich der Eingang in den lauschigen Innenhof des **Bischofshofs**, der ehemaligen Residenz der Bischöfe und späteren Herberge für Teilnehmer des »Immerwährenden Reichstags«.

Nachdem wir uns gesättigt und ausgeruht haben, überlegen wir, was weiter unternommen werden soll. Reizvoll wäre eine Fahrt auf der Donau, ebenso ein Entdeckungsbummel kreuz und quer durch die engen, mediterran anmutenden Straßen zwischen Kornmarkt, Neupfarrplatz und Rathausplatz.

Der eine oder andere liebäugelt vielleicht mit einem Besuch im *Historischen Museum* am Dachauplatz, im *Kepler-Gedächtnishaus* in der Keplerstraße oder in den *Fürst Thurn und Taxis'schen Museen* am Emmeramsplatz? Natürlich können wir den Rundgang auch fortsetzen, und zwar in einem Stadtteil etwas außerhalb des Gebiets, auf dem das 179 n. Chr. gegründete römische Kohortenkastell stand, wir lernen damit das »neuere« Regensburg kennen.

Vom Keplerhaus zum Emmeramsplatz

Wer sich für die Fortsetzung des Rundgangs entschieden hat, geht vom *Bischofshof* über die Goliath- und Brückstraße bis zur Steinernen Brücke und biegt dort nach links in die Goldene-Bären-Straße ein, die in die **Keplerstraße** mündet. Hier, in **Haus Nr. 5**, verstarb Johannes Kepler am 15. November 1630 während eines Besuchs in Regensburg.

Die Menschheit verdankt dem großen Astronomen und Mathematiker bekanntlich fundamentale Erkenntnisse zur Bewegung der Planeten um die Sonne. Die drei Kepler'schen Gesetze über den Lauf der Planeten werden im Museum auf einem Monitor sehr anschaulich erklärt, und gezeigt wird auch, wie nachhaltig Keplers Theorien andere Wissenschaftszweige befruchtet haben. In diesem Museum kann man in 30 Minuten mehr lernen als in drei oder vier Physikstunden.

Unmittelbar nach dem Museum zweigt links die Zandtengasse ab, in die wir einschwenken und so über die Weingasse den **Haidplatz** erreichen. Auf dem geräumigen Gelände fanden früher große Ritterturniere statt. Äußerst interessant ist der Platz wegen seiner historisch eindrucksvollen Gebäude. In **Haus Nr. 1** war ab 1441 die Stadtwaage untergebracht, später mauserte sich das mächtige Gebäude zur Herrentrinkstube, und 1541 fand dort das berühmte Streitgespräch zwischen Melanchthon und Johannes Eck statt.

Sehr eindrucksvoll ist dann Haus Nr. 8, das **Thon-Dittmer-Palais**, entstanden aus zwei mittelalterlichen Patrizierhäusern. Um 1800 wurde das Gebäude zu einem klassizistischen Stadtpalais umgebaut, in dem jetzt das Kulturamt nebst Volkshochschule und Stadtbibliothek untergebracht ist. Den Höhepunkt bildet aber die stolze zinnengekrönte **Patrizierburg »Zum Goldenen Kreuz«** aus dem 13. Jahrhundert. Hier verkehrte seit dem 16. Jahrhundert, was Rang und Namen hatte, so auch Kaiser Karl V. Er hatte hier die 18-jährige Gürtlerstochter Barbara Blomberg kennengelernt, mit der er Don Juan de Austria zeugte, den späteren Sieger über die Türken bei der Seeschlacht von Lepanto. Ein Porträt mit Versen an der Fassade erinnert an den berühmten Sohn.

Wir bummeln gelassen über die Ludwig- und Drei-Mohren-Straße zum **Bismarckplatz**. Auch dort wieder prächtige Gebäude: Sofort ins Auge fällt das **Präsidialpalais** mit sechs Kalksteinsäulen am Haupteingang, 1805 gebaut von Carl Theodor von Dalberg, dereinst Fürst- und Erzbischof von Regenburg. Ursprünglich gedacht für den französischen Gesandten am Immerwährenden Reichstag, war das stattliche Gebäude danach Sitz des Regierungspräsidenten, bis 2009 Polizeipräsidium, und es ist nunmehr das **»Haus der Musik«**. Auf der gegenüberliegenden Seite des Platzes entstand 1804 das **Stadttheater**, der linksseitige

Die Anlegestelle für die beliebten Schiffrundfahrten

Eine Einkehr im Bischofshof ist Pflicht.

Eingang ist ebenfalls mit Säulen versehen. Zwei muntere Springbrunnen geben dem Bismarckplatz eine belebende Note.

Klar, allmählich bekommt jeder schwere Beine, trotzdem wollen wir rasch einen Blick in die **Schottenkirche** in der Jakobstraße werfen. Es ist dies der bedeutendste romanische Bau in Süddeutschland, errichtet von irischen Wandermönchen gegen Ende des 12. Jahrhunderts. Bereits das **Hauptportal** an der Nordseite der Kirche weist eine Vielzahl von Figuren und Ornamenten auf, eine Mischung keltisch-normannischer Schmuckelemente, deren Deutung nach wie vor unklar ist. Experten glauben, dass die Figuren ursprünglich bemalt bzw. sogar teilweise vergoldet oder versilbert waren. Im Inneren setzt sich der Figurenreichtum an den Kapitellen der massiven **Säulen** fort. Der Triumphbogen enthält eine der ältesten **Kreuzigungsgruppen** in Deutschland. Die lichtdurchflutete dreischiffige Säulenbasilika ist von einer betörenden Schönheit, sodass man sich hier sofort wohl und geborgen fühlt.

Als letzter Höhepunkt des Tages bleibt nun noch St. Emmeram mit Schloss und Schlosspark der Fürsten von Thurn und Taxis. Der Weg dorthin ist leicht zu finden. Vom Bismarckplatz geht's erst die Schottenstraße entlang, dann links über den Wiesmeierweg zum Ägidienplatz und von dort über die Marschallstraße zum Emmeramsplatz.

Das ehemalige **Benediktinerkloster St. Emmeram** war 1812 in den Besitz der fürstlichen Familie übergegangen, als Entschädigung für die Abtretung der Postrechte an den bayerischen Staat. Die **Klosterkirche**, der größte vorromanische Kirchenbau Süddeutschlands, ist reich an Kunstwerken aus Stilepochen vom 11. bis zum 18. Jahrhundert und wird Besuchern, die Gefallen an einer üppigen Barockausstattung haben, mit Sicherheit gefallen – Egid Quirin Asam (als Stukkateur) und Cosmas Damian Asam (als Maler der Wand- und Deckenfresken) haben in St. Emmeram ihre unverwechselbaren Spuren hinterlassen.

Unser Interesse gilt nun aber hauptsächlich dem **Schloss**, das mit seinen Hunderten von Räumen heute zu den größten privaten Schlössern in Europa zählt. Wer das **Marstallmuseum** und die **Fürstliche Schatzkammer** besichtigen und/oder an einer Führung durch das Schloss teilnehmen möchte, sollte sich zuvor über die Öffnungszeiten informieren (s. S. 189). Zur Erholung stehen das *Museums-Café* und das gemütliche *Brauhaus am Schloss* mit eigener Brauerei in der nahen Waffnergasse bereit.

Abschließend geht's über den St.-Peters-Weg zur Maximilianstraße und damit zurück zum Bahnhof bzw. zum Parkplatz.

Regensburg – ein Juwel

Wer erstmals Regensburg besucht, dem wird auf diesem Rundgang allerhand abverlangt. Dabei ist längst nicht alles angesprochen worden, viele wunderbare Dinge sind nur angedeutet oder erst gar nicht erwähnt. Der Besucher kann frei entscheiden, welche Sehenswürdigkeiten, welche Museen, Kirchen oder Einkehrmöglichkeiten er wahrnehmen möchte – bewusst werden unterschiedliche Angebote gemacht. Sicher ist: Wer einmal in Regensburg war, kommt wieder – diese Stadt ist ein Juwel, das einen magisch anzieht und in dem immer wieder Neues und Unbekanntes zu entdecken ist.

Regensburg: ausgewählte Informationen und Highlights

Regensburg Tourismus, Rathausplatz 4, 93047 Regensburg
Tel. 09 41/5 07 44 10, www.regensburg.de

Besucherzentrum Welterbe Regensburg, Weiße-Lamm-Gasse 1
Tel. 09 41/5 07 44 10, www.regensburg.de
Tägl. 10.00–19.00

Reichstagsmuseum im Alten Rathaus
Tel. 09 41/5 07 34 40 oder /34 42
Apr–Okt tägl. halbstündliche Führungen 9.30–12.00 u. 13.30–16.00
Nov–Feb tägl.10.00–11.30 u. 13.30–15.30

Historisches Museum, Dachauplatz 2–4
Tel. 09 41/5 07 24 48, www.regensburg.de
Di–So u. Fei 10.00–16.00

Brückturm-Museum, Weiße-Lamm-Gasse 1
Tel. 09 41/5 07 58 89, www.regensburg.de
Apr–Okt tägl. 10.00–19.00, Nov–März geschl.

Donau-Schiffahrts-Museum, Marc-Aurel-Ufer/Thundorfer Str.
Tel. 09 41/5 07 58 88,
Apr–Okt Di–So 10.00–17.00

Kepler-Gedächtnishaus, Keplerstr. 5
Tel. 09 41/5 07 34 42, www.regensburg.de
Sa, So u. Fei 10.30–16.00

Fürst Thurn und Taxis Museen, Emmeramsplatz 5
Tel. 09 41/5 04 81 33, www.thurnundtaxis.de
Marstallmuseum u. Fürstliche Schatzkammer
7. Nov–18. März Sa, So u. Fei 10.00–17.00
19. März–6. Nov. zusätzl. Mo–Fr 11.00–17.00
Schloss u. Kreuzgang nur mit Führung zugänglich
März–Nov stdl. 10.30–15.30, Nov–März nur Sa, So u. Fei

Restaurant Bischofshof, Krauterermarkt 3
Tel. 09 41/5 94 10 10, www.hotel-bischofshof.de
Tägl. 11.00–23.00

Regensburger Ratskeller, Rathausplatz 1
Tel. 09 41/28 05 22 22, www.regensburger-ratskeller.de
Tägl. 10.30–21.00

Weltenburger am Dom, Domplatz 3
Tel. 09 41/5 86 14 60, www.weltenburger-am-dom.de
Tägl. 11.00–23.00

Fürstliches Brauhaus am Schloss, Waffnergasse 6–8
Tel. 09 41/2 80 43 30, www.brauhaus-am-schloss.com
Mo–Fr 11.00–23.30, Sa u. So 10.00–24.00

MuseumsCafé im Historischen Museum, Dachauplatz 2–4
Tel. 09 41/5 67 62 76, www.cafe-im-museum.de
Mo–Fr 9.00–17.00, Sa u. So 9.00–19.00

Matthias Freitag: Kleine Regensburger Stadtgeschichte, 4. Aufl. Regensburg 2001

Daniela Schetar: Regensburg, 2. Aufl. Regensburg 2015

Stadtführungen von Apr–Okt tägl. 10.30 u. 14.30,
Nov–März Mo–Fr 10.30, Sa, So u. Fei 10.30 u. 14.30; Treffpunkt vor dem Alten Rathaus

Regensburger »Antikmarkt« in der Altstadt alljährlich am 2. So im Juni 9.00–17.00

Regensburger »Maidult« (2. Maihälfte) und Regensburger »Herbstdult« (2. Aug-Hälfte) auf dem Dultplatz auf der linken Donauseite

Mittelaltermarkt, »Regensburger Spectaculum«, Mitte Juli Fr–So am Grieser Spitz

Schifffahrt zur Walhalla
26. März–24. Apr jeden Sa u. So; 30. Apr–16. Okt tägl.;
Regensburger Personen Schifffahrt, Werftstr. 6, Tel. 09 41/5 21 04
www.schifffahrtklinger.de

Ortsregister

A

B

C

D

E

F

G

L

M

N

O

P

R

S

T

U

V

W

Z